金融应用文写作教程

主编：李谷乔　朱春雨
副主编：史小云　付诗雯

吉林大学出版社
·长春·

图书在版编目（CIP）数据

金融应用文写作教程 / 李谷乔, 朱春雨主编 . -- 长春：吉林大学出版社，2023.1
ISBN 978-7-5768-1120-9

Ⅰ.①金… Ⅱ.①李… ②朱… Ⅲ.①金融－应用文－写作 Ⅳ.① H152.3

中国版本图书馆 CIP 数据核字（2022）第 226011 号

书　　名	金融应用文写作教程

JINRONG YINGYONGWEN XIEZUO JIAOCHENG

作　　者：	李谷乔　朱春雨
策划编辑：	朱　进
责任编辑：	朱　进
责任校对：	柳　燕
装帧设计：	王　强
出版发行：	吉林大学出版社
社　　址：	长春市人民大街 4059 号
邮政编码：	130021
发行电话：	0431-89580028/29/21
网　　址：	http://www.jlup.com.cn
电子邮箱：	jdcbs@jlu.edu.cn
印　　刷：	三河市龙大印装有限公司
开　　本：	787mm×1092mm　1/16
印　　张：	11.75
字　　数：	200 千字
版　　次：	2023 年 1 月第 1 版
印　　次：	2023 年 1 月第 1 次
书　　号：	ISBN 978-7-5768-1120-9
定　　价：	52.00 元

版权所有　翻印必究

前　言

　　写作是人类运用语言文字创造出来的精神文化产品。任何时代的写作实践都是由个人承担的,古往今来留传下来的文字记载,都从不同角度担当着书写历史、承传文化的神圣使命,因而,写作不单单对一个人在生活与工作中的品位与成长至关重要,甚至会影响后世对历史的认识,从这方面讲,写作的独特意义确实非常重大。美国第 38 任总统福特就曾经说过："如果我还能再回到大学,我会专注学好两个方面:写作与演讲,因为生命中没有什么能比人与人之间有效的沟通与交流更重要的了。"

　　应用写作是人们为了解决工作和生活的实际问题而进行的写作活动,强调的是文章的实用性。因此,应用写作与文学创作虽然都运用语言文字表达思想,但从根本上讲,二者其实分属于实用性文体与文艺性文体两个写作领域,并在创作动机方面迥然不同。应用写作是撰写者出于解决实际问题的需要而"不得不"去写的;文学创作则多是作家基于心里的情感表述需要而主动想要去倾诉。可见,两种写作相比较,应用写作的被动性非常明显。此外,应用写作的逻辑要求紧凑明晰,措辞上力求简洁准确,而文学创作则讲究曲折深挚,语言要求华美富赡,这些也构成了二者的重要区别。

　　写作体现了人们运用语言文字的能力。人们往往会认为写作是天赋能力,没有天赋的人是不能从事写作的。但实际上,有天赋也好,没天赋也罢,都不十分要紧,只要肯努力,写作能力是可以通过后天锻炼而逐步提升的。应用文写作能力更是如此,因为在本质上,应用写作的宗旨是要切实、务实、解决问题，因而，在内容、形式以及材料的整理与运用方面，各应用文种都有相对固定的模式，不像文学创作那样"文无定法"，讲求词采华茂，需要深厚的学养和漫长的积淀过程。

本书由李谷乔、朱春雨主编，史小云、付诗雯担任副主编。编者在多年的应用写作课程实践中积累了相当丰富的教学经验，也掌握了大量学生的反馈信息。我们认为，作为全国重要的财经院校，让学生在校期间了解金融机构的文书写作实务，助力学生顺利进入职业发展期，为其未来职业发展做好铺垫，是非常必要的。为此，在编写这部教材时，我们坚持贯彻实用性、突出专业性的原则，选取金融单位日常工作生活中普遍常用的行政公文、事务性文书、经营性文书、策划性文书、股份制文书、礼仪文书等文体，分门别类地加以详细介绍，力争帮助学生在校期间就能够熟练掌握相关金融实用文种的写作方法，促使其更加自信地步入职业生涯。

本书在编写过程中，关众院长在精神上和业务上都给予了我们极大的支持，期间也曾有过几次波折，都因为关院长的果决毅力，我们才坚持走到今天。此外，还有几位在校学生对我们的书稿给予了真诚的帮助，他们是李爱玲、黄子琪、陈娜、孙佳绘、孙曼、赵倍聪、董佳宁、胡冠群，书中的一些例文是他们帮助查找和修订的，在这里，我们真心向这些朋友致谢。

本书在编写过程中参考了国内外大量的论著、教材，汲取了很多有价值的观点和材料，在此向各位同行表达我们最真诚的谢意。

由于编者水平有限，本书一定存在疏漏与不足之处，恳请各位专家、学者、广大师生以及读者朋友们批评指正。

编　者

2021 年 11 月

目 录

绪 论 ·· 1
 第一节 金融应用文概述 ··· 2
 第二节 金融应用文写作的要求 ··· 5

上编：金融业通用文书写作

第一章 行政公文 ·· 8
 第一节 国家行政公文的种类与格式 ··· 8
 第二节 几种重要公文的写法 ··· 30

第二章 事务性文书 ·· 66
 第一节 计划 ·· 66
 第二节 总结 ·· 72
 第三节 讲话稿 ·· 77
 第四节 述职报告 ··· 82
 第五节 请柬 ·· 86
 第六节 欢迎辞 ·· 87
 第七节 贺信 ·· 90

下编：金融专业用文书写作

第三章　经营性文书 ··· 93
第一节　调研文书 ·· 93
第二节　契约文书 ·· 113

第四章　策划性文书 ··· 142
第一节　简报 ·· 142
第二节　金融新闻 ·· 145
第三节　市场营销策划书 ······································ 151
第四节　广告策划书 ·· 157

第五章　股份制文书 ··· 164
第一节　股份有限公司股票上市申请书 ·························· 164
第二节　股份有限公司股票上市公告书 ·························· 168
第三节　股份有限公司年度报告 ································ 173

参考文献 ··· 180

后　记 ··· 181

绪　论

在正式讲述金融应用文之前，我们首先需要弄清楚应用文的概念。

应用文是国家行政机关、企事业单位、社会群团组织以及个人在日常的工作、生活中，处理事务、传递信息资讯、解决实际问题时使用到的具有特定格式规范与实用价值的文体样式。应用文的种类多种多样，广泛运用于社会各行各业，从国家机关的公务文体写作，到企事业单位的各种调查分析报告、法律文书、科研论文，再到人们日常生活中离不开的合同、条据、书信等等，都属于应用文写作的范畴，可以说，应用文体写作是维系人们正常生产生活的不可或缺的工具。

应用文种类繁多，在不同领域、不同行业里，可以做进一步细分。本书主要讲述金融领域以及金融活动中常用的应用文。作为应用文的一个重要分支，金融应用文主要是指金融机构在各种业务活动中，运用应用写作方法以及金融业务的基本知识来解决处理各类金融问题的常用文体的总称。除了要遵循应用写作的基本方法、技巧与规律以外，金融应用文的专业性特征决定了其还有自身写作的特定体式和语言特点。

第一节　金融应用文概述

一、金融应用写作的研究对象及文种分类

金融应用文是金融机构在业务活动中常用到的文体的总称。而所谓的金融机构具体指的是专门从事货币信用业务的中介组织或机构,是金融体系的重要组成部分。我国的金融机构主要包括：银行、证券、保险、信托、基金等。由此可见,金融应用文,具体讲就是上述金融行业在实际业务开展过程中使用到的各种文体。

由于金融工作涉及面十分广阔,又与其他学科有很多交叉,因此金融写作的研究对象也非常广泛。按照金融业不同的工作类型,我们可以将金融应用文归纳为如下几个大类。

（一）行政公文

作为企事业单位,金融机构在日常工作中为行使职能而使用到的各种公文文种。按照2012年4月16日中共中央办公厅和国务院办公厅联合印发的《党政机关公文处理工作条例》（中办发（2012）14号）的规定,公文种类主要有15种,这些文种构成了金融机构的行政公文体系。

（二）事务性文书

事务性文书是金融机构的常规性工作要使用的文书,如：计划、总结、讲话稿以及述职报告等等,它们都不在行政公文文种范围内,但却属于常规事务性的工作文书。

（三）调研类文书

调研类文书是指那些必须经过严谨周到的前期取证调查、分析研判之后,才能结撰成文的文书,如：银行授信调查报告、保险理赔查勘报告、审计报告、金融评论等等。调研类文书往往是调研对象主动"找到"你的。

（四）契约性文书

契约性文书是指金融机构在开展业务的过程中与其他企事业单位、组织或个人签订的具有法律约束力或商业信誉性质的文书，如：业务洽谈纪要、意向书、招标书、投标书、合同、协议等。

（五）策划性文书

策划性文书是指金融机构有目的性地经过勘察、设计、调研而结撰成的文书，如：简报、金融新闻、市场营销策划书、广告策划书等。与调研类文书不同之处在于，策划性文书往往是要你主动去找选题。

（六）法律文书

法律文书是指金融机构在平时工作中涉及到法律诉讼类业务所使用的文书，如：立案通知书、起诉状、答辩状、经济纠纷申请执行书、破产申请书等。

（七）股份制文书

股份制文书是指金融机构围绕着公司股票上市融资业务而经常使用到的文书，如：股份有限公司股票上市申请书、股份有限公司股票上市公告书、股份有限公司年度报告、季度报告等。

（八）礼仪文书

礼仪文书是指金融机构在社交礼仪活动中经常使用到的文书，如：请柬、欢迎辞、贺信、开幕词、闭幕词、答谢辞、讣告、悼词等。

二、金融应用文的特点

金融应用文具有自身的特点，主要体现在如下几个方面。

（一）政策性

金融工作本身具有很强的政策性，所以金融应用文写作必须遵照党和国家现行的金融方针政策和法律法规，充分体现出金融机构拥护党的领导、维护金融秩序以及确保国家利益的总体写作方针。

（二）专业性

金融应用文服务于具体的金融活动，旨在推进相关金融业务顺利开展，因而金融应用文涉及的专业知识很多，这也是金融应用文区别于其他应用文的最根本的特点。

（三）规范性

金融应用文绝大多数都有特定的写作规范和处理流程,撰写者必须熟知这些写作以及文体处理常识,遵照相关文体写作的规定结撰文书。

（四）实用性

金融应用写作是针对实际金融业务开展的,目的鲜明、针对性强,因而金融应用文的内容必须具体明确,语言简洁准确,这样才更加便于解决实际问题。

（五）时效性

金融应用文的实用性决定其必须具备时效性,必须要兼顾时间与收效双重回报。通常情况,金融应用文要及时撰写、及时发送,力争又快又好地完成处理实际业务问题。

三、写好金融应用、写作的意义

应用文写作是具有明确针对性的,不论是对实际工作还是对社会的具体生产、生活都起到极为重要的作用。金融应用文作为应用文的重要组成部分,对金融业务能否顺利开展也同样起着重要作用。因而,金融应用文完成的质量高低,在很大程度上会对金融活动的开展情况产生重要影响。写好金融应用文的具体意义如下。

（一）宣传导向的作用

金融是国民经济的核心,是知识密集型产业,党和国家以及各级政府的金融方针、设想、政策、意图等金融信息,往往是通过各类金融应用文宣传、部署、贯彻出来的,因而,金融应用文首先体现出了党和国家各项金融政策、方针、法律法规的基本精神。

（二）沟通协调的作用

金融应用文的写作意图在于传递金融政策、方针,下达有关工作指令,沟通具体工作涉及的部门,协调彼此工作程序,最终顺利解决相关业务问题。

（三）开展业务的作用

无论是贯彻金融方针政策,还是开展具体的金融工作,金融应用文都起到指导和规范金融活动向着健康方向发展的作用。

（四）凭据证明的作用

涉及司法类的金融应用文是维护自身合法权益的凭证，一旦出现纠纷，这样的应用文就起到了分清权责、辨识违约责任的作用，并且能够确保问题最终得到司法公平、公正的解决。

第二节　金融应用文写作的要求

一、金融应用文写作的基本要求

包括金融应用文在内，基本上所有文体写作都是借助书面语言或其他信息符号来传达思想、观点、情感的文本制作过程，具体讲，这一过程又可细分为材料搜集过程、文章主旨提炼过程、结构谋篇过程和文字呈现过程。

（一）材料搜集过程

文章材料的搜集、整理、分析、归纳是写作的基础和大前提，材料不够充实的文章是空洞乏味的，这对于应用文写作来说是大忌。金融应用文的材料往往是作者根据某一特定的写作目的而特意收集、择取并整理出来的，而且作者还具备很强的敏感性从中去粗取精、抓取要害、并提炼出观点。由此可见，材料搜集、整理、分析、归纳的功夫，虽然隐含在文章背后，但却是需要我们高度重视的，这一环节堪称万里长征的第一步，决定了后续写作工作的成败。

那么，在材料搜集的过程中，我们应该注意什么呢？

首先，材料必须是真实、准确的。应用写作的材料一定要从实际中来，与客观事实相符。此外，在材料运用过程中，也不能有任何篡改，切忌断章取义、以偏概全。

其次，材料必须新颖。应用写作讲究时效性，旨在对实际工作提出解决办法，所以运用的材料必须紧跟时代，有新意或者鲜为人知的材料才更有价值。那种老生常谈、明日黄花的材料是没有写作意义的。

最后，材料必须为主题服务。实际工作中常见有人掌握了丰富的材料以后,不会取舍,这样一味堆砌材料,势必淹没文章主题。尤其是应用文写作,讲究快速、高效地传递主题意思,如果连篇累牍大量使用材料,会让读者不胜其烦,失去阅读兴趣。还是那个比喻,文章主题是灵魂,材料是血肉,血肉为灵魂服务,文章有血有肉、有灵魂,才真正堪称有神采。

（二）主旨提炼过程

材料整理好以后,就到了提炼文章主旨的环节了。金融应用文撰写者在熟练掌握国家政策法规和相关业务能力的前提下,通过仔细研究材料所反映的问题、研判材料具体性质之后,就基本能够确立文章主旨了。主旨是文章的最根本、最核心的主张,有时文章观点不止一个,这就要我们分清主次,不能把所有思想、观念、观点都当做文章主旨来表现。

（三）结构谋篇过程

金融应用文的结构讲求完整严谨、层次清晰。通常在具体写作中,金融应用文都有自己的规范写作思路和固定模式,甚至段与段之间的衔接和过渡,都有一定之规。撰写者最重要的是把文章内容的次序、内在联系以及各种逻辑关系梳理清楚,结撰成文。

（四）文字呈现过程

文字呈现其实就是最后的书面写作过程。前面三个写作环节虽然重要,但是基本都是隐含性的过程,只有书面表达才是最终呈现出来的表现,因而显得更为直观和重要了。

金融应用文的语言总体要求是简洁凝练、准确无误、规范得体。

首先,简洁凝练是要求文章语言要简短而且精炼。金融应用文是讲求快速让人理解并把握文章主旨的,所以语言方面要不得一点拖沓冗长、繁美华丽与堆砌辞藻。简单来说,就是用最简切的语言表达出文章思想,并且不会让人产生歧义。

其次,准确无误是要求文章语言精确,没有错误。汉语博大精深,有时一字之差,却可谬之千里。作为应用文体写作,因其对实际工作直接造成影响,负有责任,所以在撰写时必须慎之又慎,千万要杜绝差错。

最后,语言规范得体,这是因为金融应用文具有实用性,要根据呈文对象、身份、场合以及彼此的关系来确定语言风格,语言风格得体往往可以让人产生好感,收到意想不到的成文效果。

二、提升金融应用文写作能力的方法

金融应用文写作是一种实践性很强的写作,想要培养提高写作能力不是一朝一夕能够成功的,需要经历一个渐进漫长的实践过程,我们必须勤思多读、勤练多改。大体而言,应该在如下几个方面下足功夫。

(一)学习、研究党和国家的金融方针与政策,与时俱进,不断充实个人的金融理论知识。

(二)不断学习金融机构的具体业务,不懂就学,不会就问。

(三)锻炼逻辑思维能力。不论何种应用写作,说到底还是个人的逻辑思维能力起到至关重要的作用。

(四)提高文字表达能力,锻炼使用最精炼、最准确的文字,表达最恰切的主题意思,传达出最适宜、最得体的文字风格。

上编：金融业通用文书写作

第一章　行政公文

第一节　国家行政公文的种类与格式

一、行政公文的概念

行政公文，又称文书、文件、红头文件等，是党政机关、企事业单位和各类社会组织为行使职能在公务活动中所使用的文书。

2012年4月16日中共中央办公厅和国务院办公厅联合印发《党政机关公文处理工作条例》(中办发〔2012〕14号)，文件指出："党政机关公文是党政机关实施领导、履行职能、处理公务的具有特定效力和规范体式的文书，是传达贯彻党和国家的方针政策，公布法规和规章，指导、布置和商洽工作，请示和答复问题，报告、通报和交流情况等的重要工具。"

二、行政公文的特点

（一）鲜明的政策性

公文具有鲜明的政策性。公文是在公务活动中使用的具有特定效力的文书，是传达贯彻党和国家的路线、方针、政策、规章制度等的重要工具。首先，公文的制订，必须符合现有的国家政策、法律法规，不得与之违背。其次，国家的法律法规、方针政策等是以公文的形式进行发布和实施的，公文本身包含着大量的政策精神和内容。

（二）法定的权威性

公文具有法定的权威性。首先，公文制订的主体，是党政机关、企事业单位和社会组织，公文代表着法定机关和组织的意志。有些公文需要以领导人的名义行文，这是领导人法定职权的体现，代表的也是领导人所在机关或集体的意志，不是个人的意志。其次，公文一经发布，就对受文机关具有约束力，受文机关要按照公文规定贯彻执行。

（三）严格的程式性

公文具有严格的程式性。国家对公文的文种、格式、行文规则以及发文、收文、整理、归档、销毁等程序都有严格的规定，任何人不得随意改变。公文的程式性，既是公文权威性和严肃性的体现，也是公文正常运转和效用发挥的保障。

（四）较强的时效性

公文具有较强的时效性。一方面公文是为了解决工作、生活中的实际问题而制订的，对时间要求高，实际情况发生变化，旧有公文就会被及时修正完善，或者制订新的公文。另一方面公文本身具有时效性，会在文件中规定公文的生效和执行时间，办文时限严格。

三、行政公文的种类

中华人民共和国成立以后，对行政公文进行过多次改革，使行政公文的种类和使用日渐规范和完善。我们目前使用的规范的公文文种，依据的是2012年4月16日中共中央办公厅和国务院办公厅联合印发的《党政机关公文处理工作条例》（中办发（2012）14号），其中规定公文种类有15种。（表

1-1）

表1-1 国家行政公文文种及适用范围

序号	文种	适用范围
1	决议	适用于会议讨论通过的重大决策事项
2	决定	适用于对重要事项作出决策和部署、奖惩有关单位和人员、变更或者撤销下级机关不适当的决定事项
3	命令（令）	适用于公布行政法规和规章、宣布施行重大强制性措施、批准授予和晋升衔级、嘉奖有关单位和个人
4	公报	适用于公布重要决定或者重大事项
5	公告	适用于向国内外宣布重要事项或者法定事项
6	通告	适用于在一定范围内公布应当遵守或者周知的事项
7	意见	适用于对重要问题提出见解和处理办法
8	通知	适用于发布、传达要求下级机关执行和有关单位周知或者执行的事项，批转、转发公文
9	通报	适用于表彰先进、批评错误、传达重要精神和告知重要情况
10	报告	适用于向上级机关汇报工作、反映情况，回复上级机关的询问
11	请示	适用于向上级机关请求指示、批准
12	批复	适用于答复下级机关请示事项
13	议案	适用于各级人民政府按照法律程序向同级人民代表大会或者人民代表大会常务委员会提请审议事项
14	函	适用于不相隶属机关之间商洽工作、询问和答复问题、请求批准和答复审批事项
15	纪要	适用于记载会议主要情况和议定事项

按照不同的标准,可以把以上15种公文分为不同的类别。

①按照行文方向,可以把公文分为"上行文""下行文"和"平行文"。

上行文:下级机关向上级机关发送的公文。如"报告""请示""意见""议案"等。

下行文:上级机关向下级机关发送的公文。如"决议""决定""命令""公报""公告""通告""通报""通知""批复""纪要"等。

平行文:向平级机关或不相隶属机关发送的公文。如"函""意见""通知"等。

②按照性质和作用可以将公文分为"上级指导类公文""知照布置类公文"和"报请商洽类公文"。

上级指导类公文:上级机关用来指导和指挥工作的公文。如"命令""决定""批复""通知""决议"等。

知照布置类公文:党政机关向一定范围内知照情况意图、公布有关事项的公文。如"公报""公告""通告""通报""通知""纪要"等。

报请商洽类公文:下级机关向上级机关报告、请示工作,不相隶属单位间商洽工作的公文。如"请示""报告""函"等。

四、行政公文的格式

为提高党政机关公文的规范化、标准化水平,2012年6月29日,国家质量监督检验检疫总局、国家标准化管理委员会发布了《党政机关公文格式》国家标准(GB/T9704—2012),对党政机关公文通用的纸张要求、排版和装订要求、公文格式各要素的编排规则等,进行了规定。

(一)纸张要求

公文用纸为国际标准A4纸,幅面尺寸为210 mm×297 mm,页边尺寸为天头(上白边)37±1 mm,订口(左白边)28±1 mm,版心尺寸为156 mm×225 mm。(图1-1)

(二)排版和装订要求

一般每面排22行,每行28字,撑满版心。公文格式各要素如无特殊说明一般用3号仿宋体字。版面干净,双面印刷,左侧装订。

（三）公文格式各要素的编排规则

公文格式各要素包括眉首、主体和版记三个部分。公文首页红色分隔线以上部分称为眉首；首页红色分隔线（不含）以下、末页首条分隔线（不含）以上部分称为主体；末页首条分隔线以下、末条分隔线以上部分称为版记。页码位于版心外。

1. 眉首

眉首，又称版头，一般由份号、密级和保密期限、紧急程度、发文机关标志、发文字号、签发人及红色分隔线组成。

（1）份号

公文份数序号。同一份文件，印制若干份时，每一份的顺序编号。份号一般用六位3号仿宋体阿拉伯数字，顶格编排于版心左上角第一行。涉密公文需要标注份号。

（2）密级和保密期限

公文保密等级和期限。密级分为"绝密""机密"和"秘密"，保密期限中的数字使用阿拉伯数字，密级和保密期限间用"★"隔开。秘密等级和保密期限一般用3号黑体字，顶格编排于版心左上角第一行。涉密公文需要标注密级和保密期限。

（3）紧急程度

公文送达和办理的时限要求。紧急公文分为"特急"和"加急"，电报分为"特提""特急""加急"和"平急"。紧急程度一般用3号黑体字，顶格编排于版心左上角。

如需同时标注份号、密级和保密期限、紧急程度，按照份号、密级和保密期限、紧急程度的顺序自上而下分行排列。

（4）发文机关标志

公文作者身份的标志，又称"文头"，是发文机关制作公文时使用的、具有规范版式的文件版头。发文机关标志由发文机关全称或规范化简称加"文件"组成，也可以只使用发文机关全称或规范化简称，一般用小标宋体字，居中排布，红色套印在文件首页上端，上边缘至版心上边缘35 mm（图1-2）。

联合行文时，发文机关标志可以并用联合发文机关名称，也可以只使用主办机关名称。如需同时标注联署发文机关名称，一般将主办机关排在前面，如有"文件"二字,应当置于发文机关名称右侧,以联署发文机关为准居中排布(图1-3)。

(5)发文字号

发文机关按照发文顺序编制的序号。发文字号包括发文机关代字、年份和序号三个部分。年份和序号用阿拉伯数字标注,年份标全称,用六角括号"〔〕"括入,序号不加"第"字,不编虚位(即"1"不标为"01"),在阿拉伯数字后加"号"字。发文字号一般用3号仿宋体,标于发文机关标志下空二行位置,居中排布。

联合发文时,只使用主办机关的发文字号。上行文的发文字号居左空一字编排,与最后一个签发人姓名处于同一行(图1-4)。

(6)签发人

上报的公文中批准签发的领导人姓名。签发人由"签发人"三字加全角冒号加签发人姓名组成。"签发人"三个字用3号仿宋体字,签发人姓名用3号楷体字,居右空一格,编排在发文机关标志下空二行位置。上行文必须标注签发人。

如有多个签发人,签发人姓名按照发文机关的排列顺序,从左至右,自上而下依次均匀排列,一般每行排列两位签发人,回行时与上一行第一个签发人姓名对齐。

(7)红色分隔线

发文字号下4 mm处有一条与版心等宽的红色分隔线。

2. 主体

公文的主体部分主要包括标题、主送机关、正文、附件说明与附件、发文机关署名、成文日期、印章、附注等部分。

(1)标题

对公文内容的高度凝练和概括。公文标题一般由发文机关、事由和文种三个部分组成,有时发文机关或事由可以省略,但文种不能省略,一般用2号小标宋体字,位于红色分隔线下空二行位置,分一行或多行居中排布。若标题过长需要回行,回行时要注意保持词义完整、长短适宜、排列对称美观。多行标题一般使用梯形或菱形形式。

公文标题中除法规名称加书名号外,一般不加标点符号。

（2）主送机关

公文的主要受理机关，又称送达机关或行文对象。标注主送机关，应当使用全称、规范化简称或同类型机关统称。主送机关位于标题下空一行位置，居左顶格，回行时仍顶格，最后一个机关名称后加全角冒号。

如果主送机关名称过多，导致首页不能出现正文，应当将主送机关名称移至版记抄送机关位置，把"抄送"二字改为"主送"。若此时版记部分同时有抄送机关，需要将抄送机关排列在主送机关下一行，中间不加分隔线。

（3）正文

公文的主体，也是公文的核心。每自然段左空两格，回行顶格。一般用3号仿宋字体，编排于主送机关下空一行位置。公文首页必须显示正文。

（4）附件说明

公文附件的序号和名称。公文附件是对正文的解释、补充或说明，是正文内容的重要组成部分。正文下空一行，左空二字标注"附件"二字，后加全角冒号和附件名称。如有多个附件，使用阿拉伯数字依次标注序号，附件名称后不加标点符号。若附件名称过长，回行时要与上一行附件名称的首字对齐（图1-5）。

（5）发文机关署名

公文作者的标志。发文机关署名应使用发文机关的全称或规范化简称。联合行文时，发文机关署名按照发文机关顺序依次排列。

（6）成文日期

公文的制成时间。成文日期用阿拉伯数字标注，年、月、日标全，年份用全称，月、日不标虚位（即1不标为01）。

加盖印章的公文，成文日期右空四字，发文机关署名以成文日期为准，居中排布（图1-6）。

不加盖印章的公文，在正文或附件说明下空一行右空二字编排发文机关署名，在发文机关署名下一行编排成文日期，首字比发文机关署名首字右移二字。如成文日期长于发文机关署名，应当使成文日期右空二字编排，并相应增加发文机关署名右空字数（图1-7）。

（7）印章

发文机关的印章或领导人签名章，是公文生效的凭证，红色。

印章应端正、居中,下压发文机关署名和成文日期,发文机关署名和成文日期居于印章中心偏下位置。印章顶端距离正文或附件说明一行以内。

联合行文时,印章与发文机关署名一一对应,端正、居中,下压相应的发文机关署名,最后一个印章下压发文机关署名和成文日期,印章之间排列整齐,互不相交、相切,每排印章两端不得超出版心,首排印章顶端距离正文或附件说明一行以内(图1-8、1-9)。

加盖领导人签名章的公文,单一机关发文时,签名章在正文或附件说明下空二行右空四字的位置,签名章左空二字标注签发人职务,以签名章为准,上下居中排布,在签名章下空一行右空四字标注成文日期。

联合行文时,应先编排主办机关签发人职务、签名章,其余机关签发人职务、签名章依次向下排列,并与主办机关签发人职务、签名章上下对齐,每行只编排一个发文机关签发人职务、签名章。签发人职务要用全称。

有特定发文机关标志的普发性公文,如国务院普发性公文、电报、纪要、翻印件等可以不加印章。

(8)附注

公文需要说明的发放范围、注意事项、联系人及联系方式等其他事项。居左空两个字标于圆括号内,位于成文日期下一行。

(9)附件

具体的附件文件及材料。附件应另面编排,并在版记之前,与公文正文一起装订。"附件"二字及序号用3号黑体字顶格编排至版心左上角第一行,附件标题居中编排于版心第三行。附件序号及标题要与附件说明一致,附件格式要求与正文一致(图1-10)。

3. 版记

版记,又称封底,由分隔线、抄送机关、印发机关、印发时间等部分组成。

(1)分隔线

版记中有三条分隔线,均与版心等宽,黑色。首条分隔线和末条分隔线为粗线(推荐为0.35 mm),中间一条分隔线为细线(推荐为0.25 mm)。首条分隔线位于版记中第一个要素之上,末条分隔线与公文最后一页的版心下边缘重合。

（2）抄送机关

除主送机关外，其他需要执行或知晓公文的机关。一般用 4 号仿宋体，在印发机关和印发日期上一行，左右各空一个字，"抄送"二字后加全角冒号和抄送机关名称，回行时与冒号后的首字对齐，最后一个抄送机关后标句号。

（3）印发机关和印发日期

印制公文的主管部门和公文的印制日期。一般用 4 号仿宋体，编排在末条分隔线之上，印发机关左空一格，印发日期右空一格，年、月、日用阿拉伯数字标全，年份标全称，月、日不编虚位（即 1 不编为 01），后加"印发"二字。

4. 页码

用 4 号半角宋体阿拉伯数字，编排在公文版心下边缘之下，数字左右各放一条一字线，一字线上距版心下边缘 7 mm。单页面居右空一字，双页码居左空一字。

版记页前有空白页的，空白页和版记页均不编页码。公文的附件与正文一起装订时，页码应当连续编排。

（四）特定公文格式

1. 信函格式（图 1-11）

发文机关标志使用发文机关全称或规范化简称，居中编排，上边缘距离上页边 30 mm，字体推荐使用红色小标宋体字。联合行文时，使用主办机关标志。发文机关下 4 mm 处和距离下页边 20 mm 处各有一条红色武文线（上粗下细），长度为 170 mm，居中排布。

份号、密级和保密期限、紧急程度应顶格居版心左边缘编排在第一条武文线之下，发文字号顶格居版心右边缘编排在第一条武文线之下。

首页不显示页码。

版记不加印发机关、印发日期和分隔线，位于公文最后一页版心内最下方。

2. 命令格式（图 1-12）

发文机关标志由发文机关全称加"令"或"命令"组成，居中排布，上边缘距离版心上边缘 20 mm，推荐使用红色小标宋体字。

发文机关下空二行居中编排令号，令号下空二行编排正文。

（五）行政公文行文规则

《党政机关公文处理工作条例》（中办发（2012）14号）第四章规定，行政公文的行文规则有如下几个方面。

> （一）行文应当确有必要，讲求实效，注重针对性和可操作性。
> （二）行文关系根据隶属关系和职权范围确定。一般不得越级行文，特殊情况需要越级行文的，应当同时抄送被越过的机关。
> （三）向上级机关行文，应当遵循以下规则：
> 1. 原则上主送一个上级机关，根据需要同时抄送相关上级机关和同级机关，不抄送下级机关。
> 2. 党委、政府的部门向上级主管部门请示、报告重大事项，应当经本级党委、政府同意或者授权；属于部门职权范围内的事项应当直接报送上级主管部门。
> 3. 下级机关的请示事项，如需以本机关名义向上级机关请示，应当提出倾向性意见后上报，不得原文转报上级机关。
> 4. 请示应当一文一事。不得在报告等非请示性公文中夹带请示事项。
> 5. 除上级机关负责人直接交办事项外，不得以本机关名义向上级机关负责人报送公文，不得以本机关负责人名义向上级机关报送公文。
> 6. 受双重领导的机关向一个上级机关行文，必要时抄送另一个上级机关。
> （四）向下级机关行文，应当遵循以下规则：
> 1. 主送受理机关，根据需要抄送相关机关。重要行文应当同时抄送发文机关的直接上级机关。
> 2. 党委、政府的办公厅（室）根据本级党委、政府授权，可以向下级党委、政府行文，其他部门和单位不得向下级党委、政府发布指令性公文或者在公文中向下级党委、政府提出指令性要求。需经政府审批的具体事项，经政府同意后可以由政府职能部门行文，文中须注明已经政府同意。
> 3. 党委、政府的部门在各自职权范围内可以向下级党委、政府的相关部门行文。
> 4. 涉及多个部门职权范围内的事务，部门之间未协商一致的，不得向下行文；擅自行文的，上级机关应当责令其纠正或者撤销。
> 5. 上级机关向受双重领导的下级机关行文，必要时抄送该下级机关的另一个上级机关。
> （五）同级党政机关、党政机关与其他同级机关必要时可以联合行文。属于党委、政府各自职权范围内的工作，不得联合行文。
> 党委、政府的部门依据职权可以相互行文。
> 部门内设机构除办公厅（室）外不得对外正式行文。

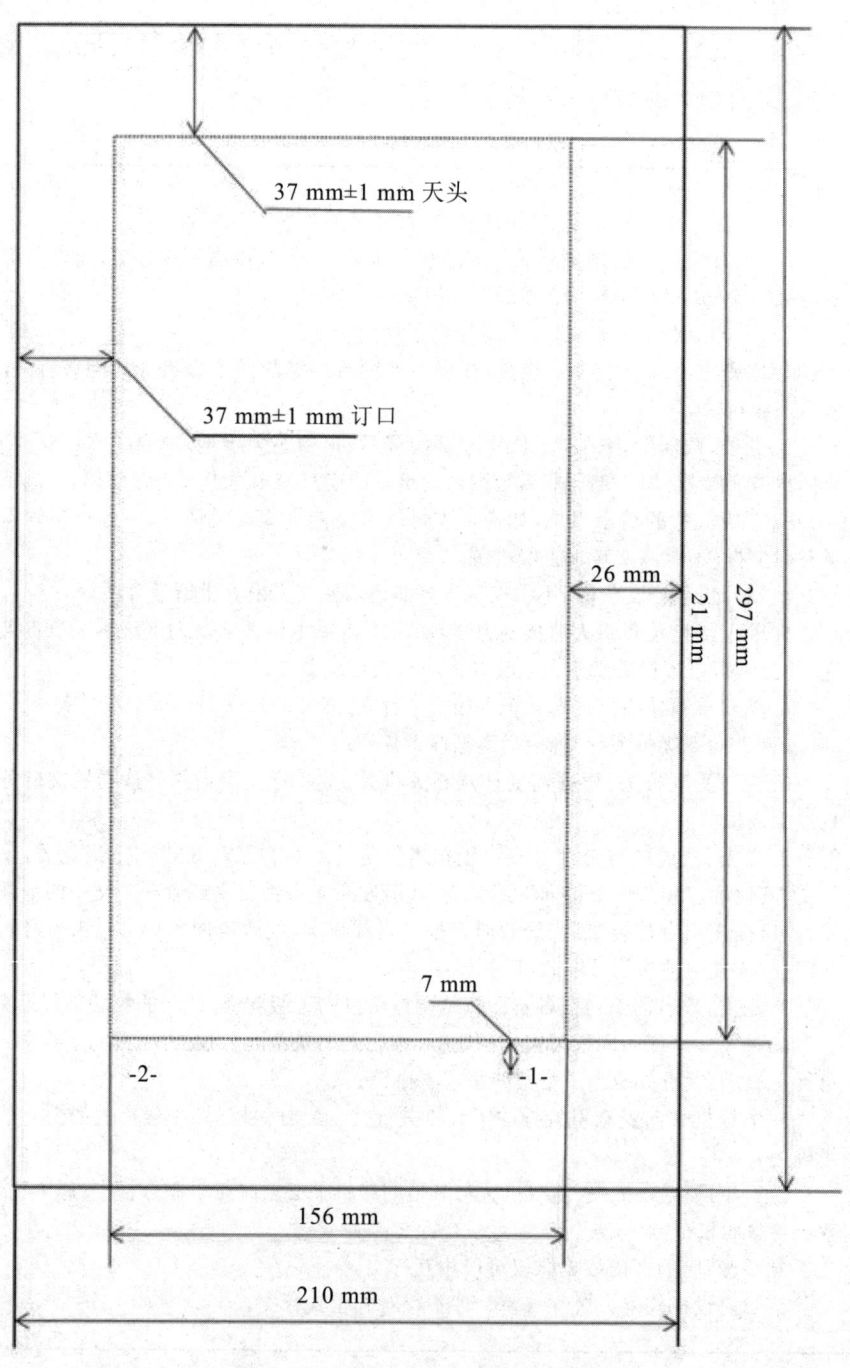

图 1-1 公文用纸页边及版心尺寸

```
000001
机密★1年
特急


            ×××××文件


          ×××〔2012〕10号


         ×××关于×××的通知

×××××：
         ××××××××××××××××

         ×××××××××××××××

         ××××××××××××××。

         ×××××××××××××××

         ××××××××××××××××

         ××××××××××××××。

         ××××××××××××××××
```

- 1 -

图1-2 下行文公文首页版式

图 1-3 下行文联合行文公文首页版式

图 1-4　上行文公文首页版式

×××××××××。
　××。

附件：1. ××××××××××××××××××
　　　　××××××××
　　　2. ××××××××

×××××××
×　×　×　×
2012 年 7 月 1 日

（×××××）

图 1-5　附件说明页版式

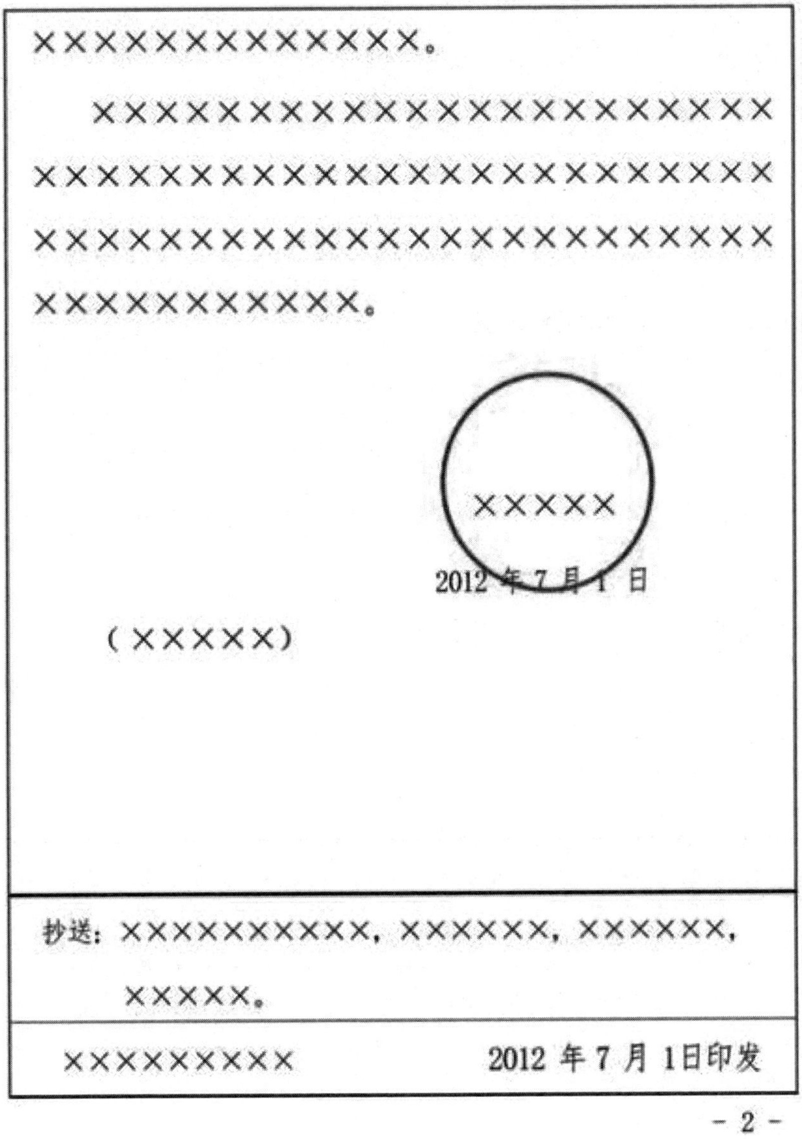
×××××××××××××。
××××××××××××××××××××××
××××××××××××××××××××××××
××××××××××××××××××××××××
×××××××××××。
×××××
2012 年 7 月 1 日
（×××××）
抄送：××××××××××，××××××，××××××，
×××××。
××××××××××　2012 年 7 月 1日印发
- 2 -

图 1-6　公文末页版式（1）

×××××××××××××。

　　×××。

×××××××××

2012年7月1日

（×××××）

抄送：××××××××××，××××××，××××××，×××××。

××××××××××　　　　　2012年7月1日印发

图1-7　公文末页版式（2）

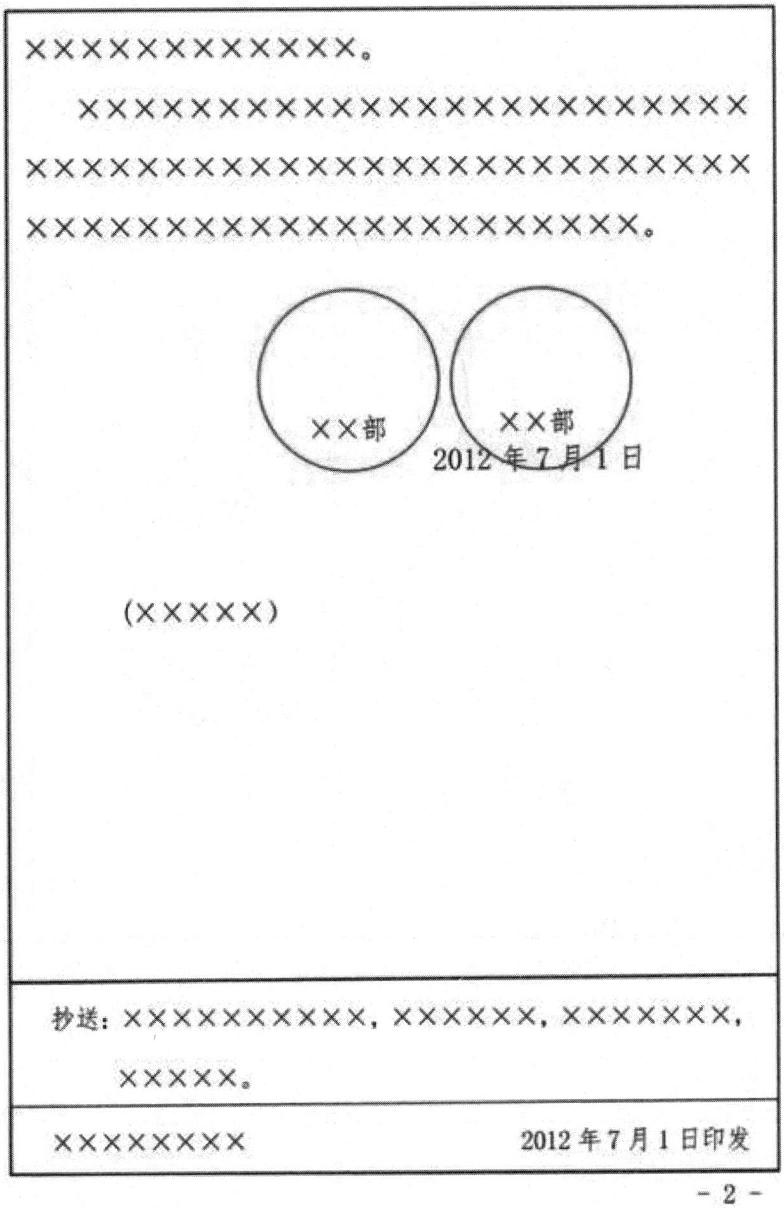

×××××××××××。
　　×××××××××××××××××××××
×××××××××××××××××××××××
×××××××××××××××××××××。

　　　　　　　（××部）（××部）
　　　　　　　　2012 年 7 月 1 日

　　（×××××）

抄送：××××××××××，××××××，×××××××，
　　　×××××。

×××××××　　　　　　　　　2012 年 7 月 1 日印发

－ 2 －

图 1-8　联合行文公文末页版式（1）

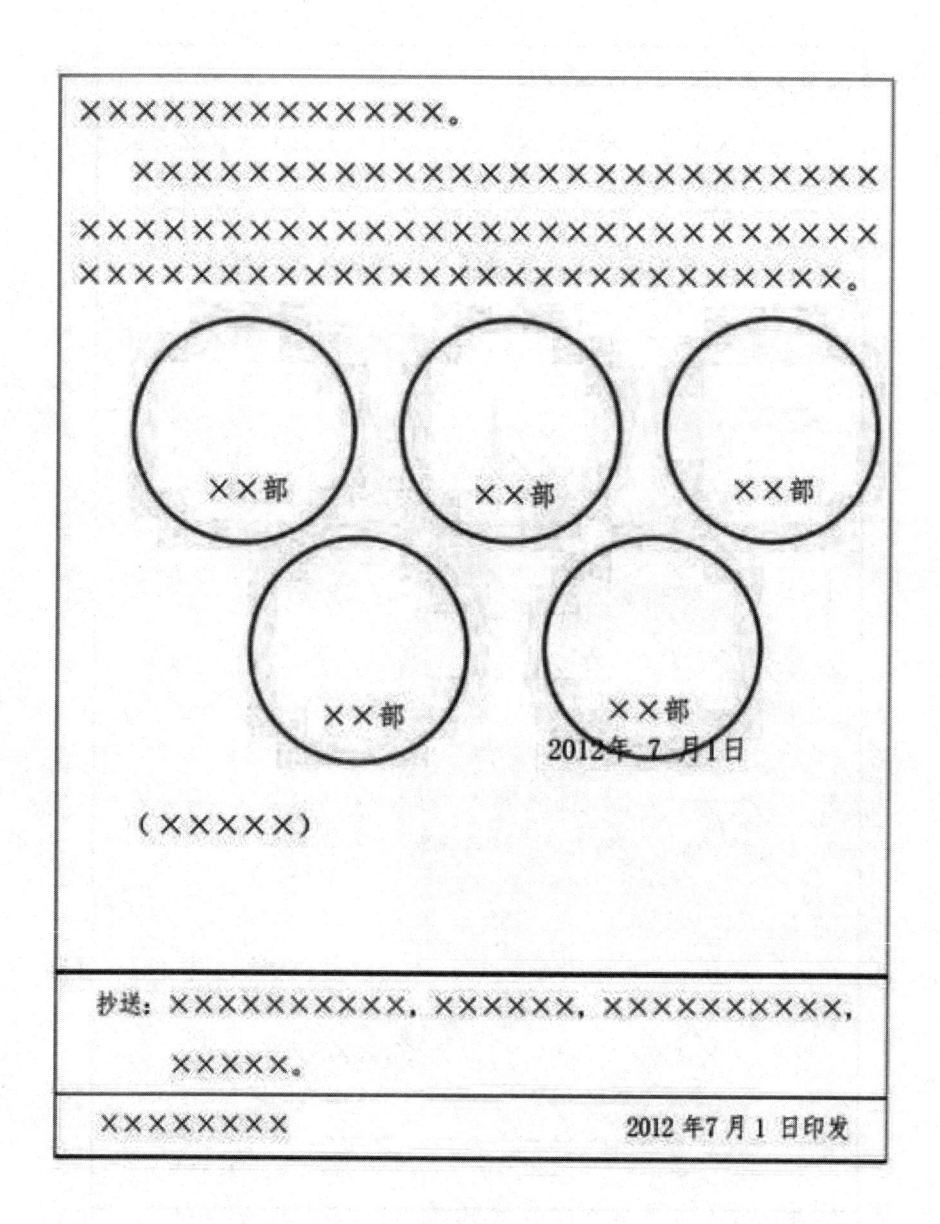

图1-9 联合行文公文末页版式（2）

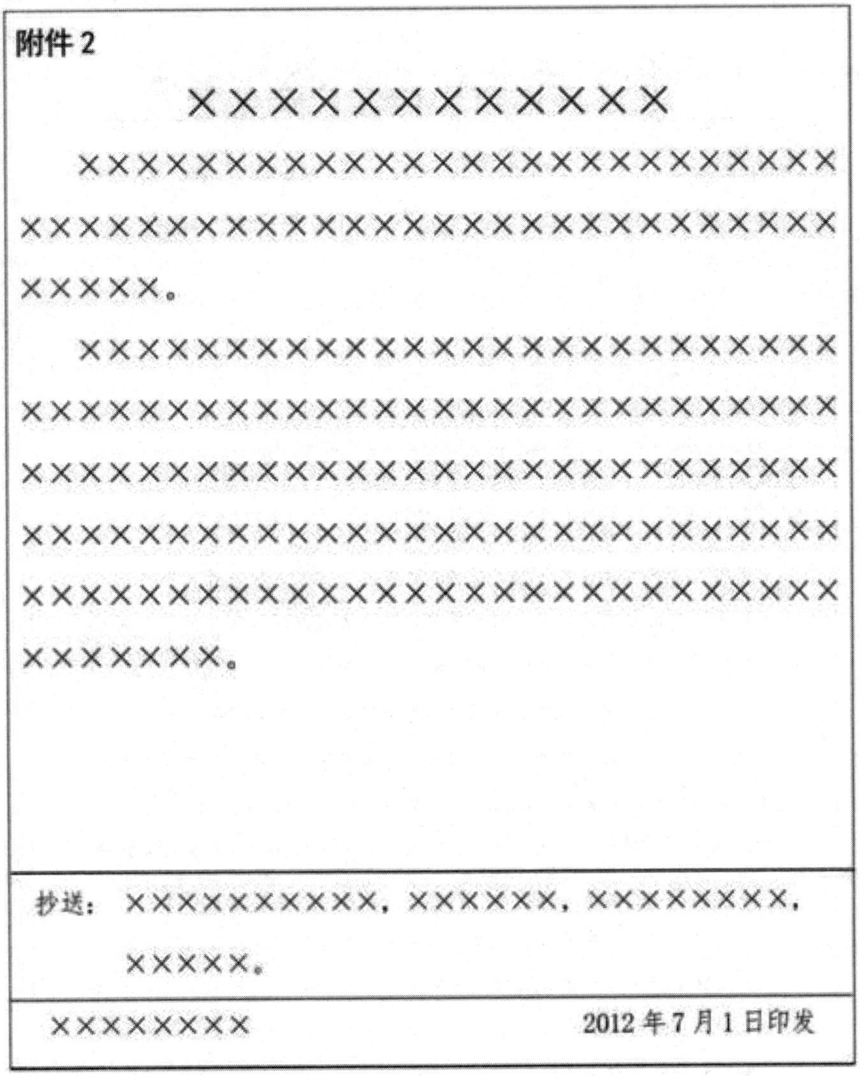

附件2

　　××××××××××

　××××××××××××××××××××××××

××××××××××××××××××××××××××

×××××。

　××××××××××××××××××××××××

××××××××××××××××××××××××××

××××××××××××××××××××××××××

××××××××××××××××××××××××××

××××××××××××××××××××××××××

×××××××。

抄送：××××××××××，××××××，××××××××，
　　　×××××。

×××××××　　　　　　　　　　2012年7月1日印发

图1-10　带附件公文末页版式

中华人民共和国×××××部

000001　　　　　　　　　　　×××〔2012〕10号
机　密
特　急

　　××××关于××××××××的通知

××××××：
　　××。
　　××。
　　×××。

图1-11　信函格式首页版式

×××××令

第×××号

×××××××××××××××××××××
×××××××××××××××××××××
×××××××××××××××××××××
×××××××××××××××××××××。

部长 ×××

2012 年 7 月 1 日

图 1-12　命令（令）格式首页版式

第二节　几种重要公文的写法

一、上级指导类公文

(一) 命令 (令)

1. 名词解释

命令 (令),适用于公布行政法规和规章、宣布施行重大强制性措施、批准授予和晋升衔级、嘉奖有关单位和人员。

命令 (令) 是一种高规格公文,是典型的下行文。

2. 文体特点

(1) 权威性

命令 (令) 具有权威性特点。《中华人民共和国宪法》规定有权发布命令的主体有:全国人民代表大会常务委员会及其委员长、国家主席、国务院及其总理;国务院各部委及其首长;县以上各级地方人民政府及各级人民代表大会。其他机关不得随意发布命令 (令)。

在金融系统内,只有人民银行、银保监会、证监会可以发布命令 (令),其他金融机构不能发布命令 (令)。

(2) 强制性

命令 (令) 具有强制性特点。命令 (令) 是以法律为依据制订的,在所有公文中,约束力最强,一经颁布,受文机关必须无条件执行,不得延误或违抗。

(3) 严肃性

命令 (令) 具有严肃性特点。命令 (令) 的起草和发布是一件极其严肃的事情,有着严格的程序,只有重大事由才能发布命令 (令)。命令 (令) 要文句简洁,措辞严谨,语气坚定。

3. 文体分类

按照内容和用途，命令（令）可以分为发布令、行政令、任免令和嘉奖令。

（1）发布令

发布行政法规与规章的命令（令）。发布令都是复体行文，法规或规章体现在命令（令）中，并被赋予法律效力。

（2）行政令

宣布施行重大强制性措施的命令（令）。

（3）任免令

宣布重大人事任免事项的命令（令）。

（4）嘉奖令

嘉奖有重大贡献的单位或个人的命令（令）。

4. 内容要素

（1）标题

命令（令）的标题有三种。

①发文机关＋事由＋文种，如《国务院关于发布新版人民币的命令》。

②发文机关＋文种，如《中国人民银行令》。

发布令一般采用这种标题，因为发布令的正文一般比较简短，一目了然，为求标题简洁，就省略了事由。

③事由＋文种，如《防火戒严令》。

（2）发文字号

命令（令）的发文字号一般单独编发，有如下三种形式。

①机关代字＋年份＋序号，如"银保监会令（2021）5号"。

②令号，如"第5号"。

③年份＋令号，如"2021年第5号"。

（3）正文

①命令原因：写明命令的原因、依据或理由。

②命令事项：写明要求下级机关或人员执行的事项。这是命令的主体部分。

（4）署名

签署发布人的职务、姓名、日期。

5. 写作要求

（1）命令（令）的发布内容要符合法规政策，应是对社会生活有重大影响的重要事项。

（2）命令（令）的语言要简洁、严肃、有力。

（3）发布令发布的法律法规要作为附件和命令（令）一起发出。

（4）命令（令）要明确规定生效日期。

6. 例文

（1）发布令

中国证券监督管理委员会令

第××号

《××××管理办法》已经20××年××月××日中国证券监督管理委员会20××年第××次常务会议审议通过，现予公布，自公布之日起施行。

附件：××××管理办法

主席：×××（印章）

20××年××月××日

（2）行政令

中国人民银行令

20××年第××号

根据《国务院办公厅关于进一步做好规章、规范性文件清理工作的通知》（国办发（20××）××号）要求，中国人民银行对20××年××月××

日前发布的规章进行了全面清理。现决定：

一、废止《××××××××管理办法》（银发（20××）××号）等××件规章（见附件1）。

二、《××××××××管理条例施行细则》（银发字（20××）××号）等××件规章（见附件2）继续有效。

附件：1. 中国人民银行废止规章名单
　　　2. 中国人民银行继续有效规章名单

行长：××（印章）

20××年××月××日

（3）任免令

中华人民共和国主席令

20××年第××号

根据中华人民共和国第××届全国代表大会第××次会议的决定：

任命××为财政部部长；

任命××为中国人民银行行长。

主席：×××（印章）

20××年××月××日

（4）嘉奖令

××省人民政府令
第××号

为了隆重表彰在全省防范非法集资工作中作出杰出贡献的模范人物，弘扬他们爱岗敬业、乐于奉献、勇于担当的崇高品质，根据第××届××省人民代表大会常务委员会第××次会议的决定，对下列人士进行嘉奖：

一、授予×××"金融先进个人"荣誉称号。

二、授予×××、××（女）"金融之星"荣誉称号。

省长：×××（印章）
20××年××月××日

（二）决定

1. 名词解释

决定，适用于对重要事项作出决策和部署、奖惩有关单位和人员、变更或者撤销下级机关不适当的决定事项。

2. 文体特点

（1）指挥性

决定具有指挥性。决定是下行文，对下级机关或个人进行工作部署、奖惩或者指示，受文单位要按照文件内容执行。

（2）明确性

决定具有明确性。决定中的原因、时间、目的、做法等都应该是具体明确的，不能模糊不清。

3. 文体分类

（1）部署类决定

对重要事项作出决策和部署。

（2）奖惩类决定

对有关单位和个人的突出贡献进行表彰，对重大错误行为进行处理。

（3）仲裁类决定

对下级机关不适当的决定进行变更或者撤销。

4. 内容要素

决定的正文由决定原因和决定事项两个部分组成。

（1）决定原因

对某项工作进行安排、部署的依据，可以是事实根据、文件精神或法规依据，也可以是会议讨论的结果。

（2）决定事项

是决定的主体部分，要写的明确具体，完整周密，可以采用分条式或分题式表述。

5. 例文

（1）部署类决定

××银行关于防范和处置非法集资行为的决定

各分行、营业管理部：

为贯彻党中央、国务院决策部署，落实《防范和处置非法集资条例》（国务院令第××号），进一步优化金融环境，防范和化解金融风险，保护人民群众财产安全，维护经济和社会稳定，现对本行工作人员做出如下决定。

一、不得在任何场合、任何平台制作、复制、发布和传播包含集资内容的广告，不得以任何形式向社会公众进行集资宣传，不得参与非法集资。

二、不得通过职业行为，或者利用职业便利，支持、包庇、纵容非法集资活动。

三、不得阻挠、妨碍非法集资处置工作。

四、按相关规定及时履行防范非法集资义务。

××银行（印章）

20××年××月××日

（2）奖惩类决定

中国银保监会关于表彰20××年度
全国银行业金融服务先进单位和先进个人的决定

各银监局，各政策性银行、国有商业银行、股份制商业银行，邮政储蓄银行，中国银行业协会：

为鼓励银行业金融机构进一步做好金融服务工作，按照《关于开展20××年度银行业金融服务工作监管后评价的通知》（××发〔20××〕××号）要求，结合20××年度全国银行业金融服务工作成效，中国银保监会决定：

授予××银行等××家银行"20××年度全国银行业金融服务先进单位"荣誉称号；

授予××银行"金融快捷通"等××个产品"20××年度全国银行业金融服务特色产品"荣誉称号；

授予××银行×××等××名同志"20××年度全国银行业金融服务先进个人"荣誉称号。

希望本次受到表彰的单位和个人，再接再厉，积极进取，再创佳绩。希望其他单位和个人向先进典型学习，在工作岗位上贡献自己的力量，为实现银行业的繁荣发展作出更大的贡献。

中国银行业保险监督管理委员会（印章）
20××年××月××日

（3）仲裁类决定

中国银保监会
关于废止和修改部分规章的决定

各银保监局，各政策性银行、大型银行、股份制银行，外资银行，各保险集团（控股）公司、保险公司，各分管单位：

为进一步规范银行业秩序，促进银行业发展，取消外资持股比例在中资银行和金融资产管理公司中的限制，实施内资和外资相同的股权投资比例规则，中国银保监会决定：

废止《境外金融机构投资入股中资金融机构管理办法》（银保监发〔20××〕××号），从发布之日起施行。

中国银保监会（印章）

20××年××月××日

（三）批复

1. 名词解释

批复，适用于答复下级机关的请示事项。

2. 文体特点

（1）权威性

批复是下行文，代表着上级机关的意志和权利，批复内容对下级机关具有约束力，下级机关要认真遵守执行。

（2）针对性

批复是被动行文，所有的批复都是直接针对下级单位的请示而发的，下级单位的请示是批复的前提和依据，没有请示就没有批复，针对性极强。

（3）指示性

批复的目的是针对下级机关的请示，表明态度，对下级机关的工作进行具体而明确的指导。

3. 内容要素

批复的正文包括引语、主文和结尾三个部分。

（1）引语

批复的开头，一般应引用来文也即请示，作为批复的对象。引用时先要引用来文的标题，然后引用发文字号，有时也会适当引用主要观点，然后用"现批复如下"过渡。

（2）主文

这是批复的主体。主文部分针对请示事项，表明上级机关的态度，同时阐述理由，指示具体做法。

（3）结尾

结尾可以是程式化的语言"此复""特此批复"等，也可以是希望和要求。有时也可以没有结尾。

4. 写作要求

（1）批复与请示一一对应。没有请示就没有批复，同时，无论上级机关对请示内容态度如何，都必须对请示作出批复。

（2）批复要一事一文。请示要求一事一文，批复作为请示的回复，也要一事一文。如果同一机关做了多份请示，或多个机关针对同一件事情分别做了请示，上级机关批复时也要分别行文。

（3）批复的意见要明确。上级机关的批复对下级机关具有指导作用，无论是肯定的态度还是否定的态度，意见一定要明确。

5. 例文

<h2 style="text-align:center">××银行关于××分行
增加员工编制问题的批复</h2>

××分行：

你行《关于增加员工编制问题的请示》(××发〔20××〕××号）收悉。经研究，现批复如下。

一、同意你行增加4个员工编制的请示，即：同意项目组增加2个编制、综合办公室和行政办公室各增加1个编制。

二、具体招聘形式和招聘时间，可结合你行实际，自行安排。

此复。

××银行（印章）
20××年××月××日

××银监局关于不同意
破格为××有限责任公司提供贷款的批复

××银行：

你行《关于给予××有限责任公司贷款××千万的请示》（××发〔20××〕××号）收悉。经研究，现批复如下。

××有限责任公司为小微企业，本身抗风险能力较弱，近年来，由于经营不善，又一直面临着较大的经营和资金压力，存在一定的信用风险；且目前市场竞争激烈，公司经营风险难以把握，突破相关制度为其办理大额贷款，进一步加强了此项业务的风险。

因此，我局不同意你行突破制度为××有限责任公司办理此笔贷款业务。此复。

××银监局（印章）

20××年××月××日

二、知照布置类公文

（一）通告

1. 名词解释

通告，适用于在一定范围内公布应当遵守或者周知的事项。

2. 文体特点

（1）公布性

通告一般公开发布，可以广泛张贴，可以在报纸上刊载，还可以通过广播、电视发布。

（2）法规性

通告对人们的行为具有法律约束作用，发布即生效。通告必须在发文机关权限范围内依法发布。

3. 文体分类

通告按照内容和性质，可以分为执行性通告和知照性通告。

（1）执行性通告

执行性通告主要是宣布某些行政规定或法规限制，公布一定范围内的人员或单位应该遵守执行的事项。

（2）知照性通告

知照性通告主要是通知有关单位和个人知晓相关事项。

4. 内容要素

（1）开头

通告缘由。该部分主要写明发布通告的原因、目的、意义或背景等，一般用"特通告如下"或"现将有关情况通报如下"等转折句引出下文。

（2）主体

通告事项。这是通告的核心，要写明需遵守执行或知晓的具体事项或规定。

（3）结尾

执行的具体要求，然后另起一行，用惯用语"特此通告"结尾。

5. 写作要求

（1）注意文种的选择。要正确区分"通告""通知"和"公告"，不要错用或混用。

（2）要合乎政策法规。通告对人的行为具有法律约束作用，通告的内容一定要合乎政策法规。

6. 例文

（1）执行性通告

××银行关于暂停接待群众来访的通告

根据党中央疫情防控工作决策部署以及省市有关防控要求，为最大限度地减少人员流动聚集，保护人民群众生命安全，我行从即日起关闭群众来访接待场所，停止接待群众来访。根据疫情形式变化，恢复接待时间另行通知。

特此通告。

××银行（印章）

20××年××月××日

（2）知照性通告

关于在全市范围内张贴
"理性消费，远离套路贷"宣传海报的通告

广大市民：

　　为进一步优化本市金融市场环境，保护广大市民的合法财产安全，提升市民金融风险防范意识，市金融工作局联合市银监局、证监局、保监局、市委网信办、市委社会工委等部门，将在全市范围内开展"远离套路贷，保护市民群众合法权益"宣传教育活动。现将有关情况通告如下。

　　一、近日，市金融工作局将委托××地产及其线下门店在全市范围内张贴"理性消费，远离套路贷"宣传海报，以加大宣传力度，提高市民对套路贷的辨别能力，防止套路贷侵害广大市民的合法财产权益，请各区、各相关部门以及广大市民朋友们予以支持。

　　二、本次委托仅限于宣传教育海报的张贴，不得用于任何商业用途。

　　三、各单位或个人可通过来访、来信、来电等方式，咨询或者反映相关问题及情况。

　　联系电话：××××××××、×××××××

　　特此通告。

××市金融工作局（印章）

20××年××月××日

（二）通报

1. 名词解释

通报，适用于表彰先进、批评错误、传达重要精神和告知重要情况。

2. 文体特点

（1）典型性

通报的内容应该具有普遍而深刻的典型意义。表扬先进的通报，让人看

到榜样的力量,受到精神上的鼓舞;批评错误的通报,让人吸取教训,防止类似事件的发生。

(2) 教育性

通报的目的不只是告知情况,更重要的是让人接受教育,在典型事件中学习经验或接受教训。

(3) 时效性

典型是一定社会条件下的典型,社会形势变化了,典型也要随之变化,所以通报一定要及时,过时的通报就失去了意义。

3. 文体分类

通报按照内容可以分为表彰通报、批评通报和情况通报。

(1) 表彰通报

表彰通报主要是表彰好人好事、先进典型和先进经验,目的是让人们受到鼓舞,向先进学习。

(2) 批评通报

批评通报主要是批评错误的人和事,目的是让人们接受教育,以免重蹈覆辙。

(3) 情况通报

情况通报主要是告知重要情况或传达重要精神,对工作起到指导作用。

4. 内容要素

通报的类型不同,写法和要求也不同。

(1) 表彰通报

表彰通报的写法主要是介绍先进事迹—评价先进事迹—给予奖励—提出希望与号召。

介绍先进事迹。介绍先进人物或集体的主要事迹,包括时间、地点、人物、事件、过程等。

评价先进事迹。对先进典型进行概括性评价,提炼出主要经验、进步意义和应该发扬的精神等。

给予奖励。对先进典型进行表彰,并提出给予了何种奖励,精神奖励或者物质奖励。

提出希望和号召。最后希望先进典型继续保持风格,号召人们向典型学习。

（2）批评通报

批评通报的写法主要是通报问题情节—判定问题性质—分析原因、总结教训—做出处理决定—下一步建议。

通报问题情节。交代被通报个人或集体的主要错误事实、发生经过等。

判定问题性质。对通报事件明确表态，判定事件错误性质。

分析原因、总结教训。分析错误产生的原因、危害、责任等，总结应吸取的教训。

下一步建议。对下一步工作提出要求、建议，以防止类似事件的再次发生。

（3）情况通报

情况通报内容比较集中，一事一报，一般对事情做客观、完整叙述，简要加以分析，写法比较灵活。

5. 写作要求

（1）选好典型。通报的事项要具有典型性，有普遍指导意义。

（2）实事求是。通报内容要详略得当，客观真实，不夸大，不缩小，还要把握分寸，恰如其分。

6. 例文

（1）表彰通报

××银行关于表彰××同志的通报

各分行、营业管理部：

党的十八大以来，我行积极响应习近平总书记的号召，认真贯彻落实党中央、国务院关于脱贫攻坚工作的决策部署，踊跃投身脱贫攻坚战。我行××同志在驻××村第一书记、工作队队长期间，工作尽职尽责、吃苦耐劳、真抓实干，想方设法增加农民收入，转变农民观念，新冠肺炎疫情期间，更是坚守在抗疫一线，关心困难群众，受到了当地群众的一致好评。

为此，我行决定授予××同志"××银行脱贫攻坚先进个人"称号。

希望××同志珍惜荣誉、再接再厉，充分发挥模范带头作用，不断为党和人民事业做出更大贡献。同时，也希望我行全体员工向先进典型学习，学习

××同志勤勉务实、开拓创新的工作作风,甘于奉献、不畏艰险的崇高品格,时刻守初心、担使命,以昂扬的斗志、饱满的热情、旺盛的干劲,投身中国特色社会主义伟大事业。

××银行(印章)

20××年××月××日

2. 批评通报

××银保监局关于
××人身保险公司部分产品存在问题的批评通报

各人身保险公司:

　　为促进各人身保险公司健康发展,维护人民群众合法权益,近期,我局对人身保险产品进行了专项检查。检查发现,××人身保险公司的产品存在严重问题,在社会上产生了不良影响,现将有关情况通报如下。

　　一、存在的主要问题及原因

　　通过这次检查,××人身保险公司存在的问题主要有以下几个方面:

　　(一)长险短做问题

　　××人身保险公司报送的××终身寿险,现金价值计算不合理,存在长险短做的风险。

　　(二)责任免除约定的谈判条件不合理

　　××疾病保险,条款约定将被保险人在合同生效日前出现的症状体征,作为在发生保险事故时的免责依据,而症状体征无客观判定标准。

　　(三)条款表述易引起误解

　　××医疗保险,条款中的健康管理服务内容,直接引用相关监管规定,存在误导消费者的隐患。××医疗保险,条款中的健康优选因子存在混淆费率确定因素与费率浮动的风险。

（四）产品管理不规范

××短期健康保险、××医疗意外保险条款中关于不保证续保的表述，存在较为严重的误导隐患，不符合监管规定。

总结这些问题的原因，主要有以下两点：

（一）执行上级文件力度不够

近年来，针对各人身保险公司开发和管理中的问题，我会已向行业多次印发通报，并于今年年初公布人身保险产品"负面清单"，但××人身保险公司仍然把关不严，工作不细致、不到位，导致产品不合规。

（二）重收益，轻质量

××人身保险公司在抓具体工作上存在重发文、轻检查的倾向，在思想认识上没有牢固坚持质量第一，片面追求收益，存在侥幸思想。

三、责任追究情况

为严肃纪律，明确责任，促进人身保险业的规范、健康发展，根据相关法律规定，经××××会议讨论决定：

（一）对××人身保险公司进行通报批评。

（二）对××人身保险公司负责人、法定代表人×××予以诫勉谈话。

（三）责令××人身保险公司对本次检查中暴露的问题进行全面深入的整改。

四、下一步工作要求

下一步，我局将持续加大产品核查力度，常规核查与重点抽查结合。针对报备产品违反历次通报或"负面清单"中列明的不规范、不合理情形的单位，将严肃追究相关人员责任，并依法采取监管措施或行政处罚。

同时，我局还将通过政策引导等多种形式，督促各公司切实提高产品开发管理能力。

特此通报。

××银保监局（印章）

20××年××月××日

（3）情况通报

××保险公司20××年度业绩考核情况通报

公司各部门：

  为加强管理，推动发展，依据《××保险公司业绩考核办法》，公司对各部门20××年度业绩进行了考核，具体考核结果详见附件。

  特此通报。

附件：××保险公司20××年度业绩考核结果

××保险公司（印章）
20××年××月××日

（三）通知

1. 名词解释

通知，适用于发布、传达要求下级机关执行和有关单位周知或者执行的事项，批转、转发公文。

2. 文体特点

（1）广泛性

通知有公文中的"老黄牛"之称，是适用范围最广、使用频率最高的一种公文。从内容看，发布、传达要求下级机关和有关单位周知或者执行的事项，批转、转发公文、任免人员等，都可以使用通知，使用范围广泛。从发布主体看，党政机关、企事业单位和社会组织都可以发布通知，发布主体不受机关或组织性质、级别的限制。从行文关系看，通知可以是下行文，也可以是平行文，行文方向灵活。

（2）晓谕性

通知可以用来指示工作、知照事项，也可以用来批转、转发公文，但无论哪种功能，都有很强的晓谕性，都有告知受文主体相关事项的目的。

（3）中转性

通知可以用来批转下级机关的公文，转发上级机关和不相隶属机关的公文，具有中转的特点。

（4）时效性

通知是一种制发比较便捷，内容比较灵活的文种，通知内容有较强的时效性，有着比较明确的时间限制。

3. 文体分类

通知按照内容和性质可以分为知照类通知、指示类通知和批转类通知。

（1）知照类通知

知照类通知用于向下级机关或有关单位传达信息，通报情况或告知事项，受文机关只要知晓通知事项即可，不需要直接执行办理。如任免人员，调整或撤销机构，变更机构名称等。

（2）指示类通知

指示类通知用于向下级机关部署工作、传达需要执行办理的事项。一般多用于开展某种活动或布置某种具体工作。

（3）批转类通知

批转类通知用于批转转发下级机关的公文，转发上级机关和不相隶属机关的公文。

（4）印发类通知

印发类通知用于发布本机关或下级机关的行政法规、条例、制度、办法等。

4. 内容要素

（1）标题

通知的类型不同，标题的写法也不同。

①知照类和指示类通知的标题主要有四种写法：发文机关＋事由＋文种；省略事由，发文机关＋文种；省略发文机关，事由＋文种；对于一些普发性通知，还可以同时省略发文机关和事由，只写文种"通知"。

如果通知的内容比较紧急，还可以在文种前加"紧急"二字。

②批转类通知的标题都是复合标题，为了公文的规范和简明，标题中只能出现一次"关于""转发""批转""通知"等字样。具体写法如下。

发文机关名称＋转发（或批转）＋被转发或批转的公文标题全称＋通知。

"发文机关名称"后不加"关于","关于"只在"被转发或批转的公文标题全称"中出现一次。

多级转发,"转发"后面直接引入首发机关及公文名称。

如果被转发的公文本身是通知,"被转发或批转的公文标题全称"中就包含了"通知"二字,那最后的文种"通知"要省略,不能出现"……通知的通知"的重叠形式。

③印发类通知的标题形式为:发文机关+关于+印发+文件名+通知。

（2）正文

不同种类的通知,正文的写法也不同。

知照类通知:只要写出告知内容,交代清楚事项即可。

指示类通知:包括通知缘由,通知事项和结束语三个部分。

①通知缘由:交代发文的目的、意义、原因、依据或背景等,然后用"现将有关事项（或问题）通知如下""特通知如下"等语句过渡。

②通知事项:通知的主要内容,要写明具体任务、要求、措施、办法等。多采用条文式写法。

③通知要求:一般用"请认真贯彻执行""请遵照执行"等惯用语表达。

批转类通知:写明批转或转发文件名称,表明态度"同意",然后提出执行要求,批转或转发的文件不写入正文,只做附件处理。

印发类通知:写明印发文件的目的、意义、名称,然后提出执行要求,印发的文件不写入正文,只做附件处理。

5. 写作要求

（1）通知的内容要紧扣主旨,与主旨无关的内容不要写入通知中。

（2）语言要简洁、准确。

（3）注意不同类型通知的写法。

6. 例文

（1）知照类通知

××公司关于调整
销售委员会组成人员的通知

公司各部门：

公司董事会决定，对销售委员会组成人员进行调整，现将调整结果通知如下.

××、××不再担任销售委员会委员，××、××、××继续担任销售委员会委员，新增××、××为销售委员会委员。

××公司（印章）

20××年××月××日

（2）指示类通知

××银行关于
进一步规范互联网贷款业务的通知

各分行：

为有效实施《商业银行互联网贷款管理暂行办法》（以下简称《办法》），进一步规范互联网贷款业务行为，促进银行贷款业务的健康发展，现就有关事项通知如下：

一、自主完成风控环节。各分行要进一步强化风险控制主体责任意识，独立开展互联网贷款风险管理，风控环节对贷款风险评估和风险控制具有重要影响，各分行应自主完成风控环节，严禁将管理的关键环节外包。

二、强化出资比例管理。允许各分行和合作机构共同出资，一起发放互联网贷款，但应加强出资比例的管理，严格落实相关要求，每笔贷款，合作方出资比例不得低于三分之一。

三、实施总量控制和限额管理。应对与合作机构共同出资贷款的总量进行控制,进行限额管理,共同出资发放的贷款余额,不能超出本行全部贷款余额的一半。

四、严格控制跨地域经营。各分行应该服务于本地区客户,不得在注册地辖区外开展互联网贷款业务。无实体经营网点、主要经营线上业务的除外。

五、本通知第三条、第四条自20××年××月××日起执行,其他条款的过渡期与《办法》一致。对于不符合本通知要求的互联网贷款业务,应制订出整改计划,保证在过渡期内整改完毕。同时,也鼓励有条件的分行能够提前达标。

六、各分行可根据经营管理和业务开展的实际情况等,在本通知规定的基础上,对上述条款提出更加严格的审慎监管要求。

××银行(印章)
20××年××月××日

(3) 批转类通知

××公司批转××分公司
《关于共享策略池和金主池的意见》的通知

各分公司:

××分公司《关于共享策略池和金主池的意见》已经集团董事会同意,现转发给你们,请认真贯彻执行。

附件:共享策略池和金主池的意见

××公司(印章)
20××年××月××日

（4）印发类通知

中国银保监会关于印发
《防范化解保险业重大风险的总体方案》的通知

机关各部门、各保监局、各培训中心，中国保险保障基金有限责任公司、中国保险信息技术管理有限责任公司、中保投资有限责任公司、上海保险交易所股份有限公司：

  为贯彻落实党的十九大精神和全国金融工作会议精神，提升保险业风险防范能力，严守底线，不发生系统性金融风险，我会特制订了《防范化解保险业重大风险的总体方案》。现予印发，请认真贯彻执行。

附件：防范化解保险业重大风险的总体方案

中国银保监会（印章）
20××年××月××日

（四）纪要

1. 名词解释

纪要，适用于记载会议主要情况和议定事项。

2. 文体特点

（1）纪实性

纪要是根据会议记录、会议文件及其他有关材料加工而成的，真实、客观、准确地反映会议的基本情况、主要精神、议定事项等。

（2）沟通性

纪要可以转发给下级单位执行，也可以报送给上级机关反映会议情况，还可以发给平级机关或相关机关，告知对方情况，具有很强的沟通性。

（3）指导性

纪要对工作有指导作用，它记载着会议的基本情况、主要精神、议定事项等,与会单位和相关部门要按照纪要遵照执行,落实工作。

（4）备考性

纪要具有凭证作用和资料文献价值,可根据需要进行查阅,具有备考性。

3.文体分类

纪要按照内容和性质可以分为周知性纪要和议决性纪要。

（1）周知性纪要

以通报情况、交流经验形成的纪要,称为周知性纪要。这类纪要如实传达会议情况,目的是传递信息、交流经验。一般座谈会、学术研讨会、经验交流会等,多使用这种纪要。

（2）决议性纪要

以会议决定、决议形成的纪要,称为决议性纪要。这类纪要是与会人员经过商议,对有关问题和事项达成决议,指导性很强,议定事项需要与会人员及相关单位遵守、执行。一般的日常办公会议,经常使用这种纪要。

4.内容要素

（1）标题

纪要的标题有如下两种。

①发文机关＋事由＋文种。

②会议名称＋文种。

（2）正文

纪要的正文内容包括会议基本情况、会议主要精神和结束语。

会议基本情况：包括会议召开的时间、地点、参加人员、缺席人员、主持人、记录人、议题、结果、总体评价等内容。

会议主要精神：这是纪要的主体部分、主要内容。包括会议的主要精神,报告情况,研究讨论的事项,作出的决定,提出的任务、要求,确定的办法、措施,提出的建议、意见,会上的各种观点和争鸣情况等。具体有以下几种写法。

①集中概述式：将会议主要内容进行整体概括和说明。集中概述式多用于意见比较统一,讨论问题比较集中单一的小型会议,一般篇幅比较短小。

②发言记录式：把会上具有代表性、典型性的发言进行整理,然后按照发言顺序和内容进行记录,如实的反映与会人员的意见。发言记录式多用于座谈会、经验交流会等。

③分项叙述式：把会议主要内容加以归类，分为几个大部分，分项来写。分项记录式多用于大中型会议或议题较多的会议。

结束语：结尾可以提出希望和号召。希望和号召有关单位和人员按照会议精神、决议安排部署工作或继续努力工作，也可以补充说明会议其他相关情况，还可以不要结束语，自然收尾。

5. 写作要求

（1）纪要的内容要如实地反映会议基本情况，不能随意变动会议议定内容，也不能妄加评论。

（2）纪要在会议记录等材料的基础上概括、提炼、总结而成，不能把会议记录完完整整地直接抄过来。

6. 例文

××公司关于提升产品质量专题会议纪要

为提高产品质量，推动公司业务稳健发展，20××年××月××日，公司副总经理××主持召开关于提升产品质量的专题会议，公司业务部、项目管理部、质量保证部相关负责人参会。

会议听取了各部门对近期用户关注的质量问题的报告。

××副总经理要求，项目管理部提出的问题，需要相关部门牵头研究，保障产品质量；项目经理应对项目全过程进行掌控，对于问题的解决，需要明确到时间节点、负责人和解决路径，提供解决方案。

××副总经理指出，近期出现的产品质量问题，已对公司形象造成恶劣影响，违背了公司的契约精神。在面临严峻的市场环境和客户需求变化的情况下，各部门要统一思想，履职尽责，通过有效的管理机制，在具体的工作执行上，加强责任心，端正工作态度。

会议形成了以下决议：

一、要求项目管理部落实具体的解决措施，制订专项计划，按照计划节点进行跟踪、督促、落实。

二、项目管理部针对目前工作制订管控方案，建立项目正向管理流程，建立清晰的监管机制，明确问责、奖励制度。

三、针对近期典型质量问题,质量保证部要落实责任人及相关处理意见,并制订专题整改计划,加快落实整改。

四、各部门按照本次汇报材料,在××月××日前出具切实可行的方案,作为项目部管理项目的依据。

三、报请商洽类公文

(一)请示

1. 名词解释

请示,适用于向上级机关请求指示、批准。

2. 文体特点

(1)祈请性

请示是标准的上行文,是请求上级机关给予指示、批准的公文。

(2)针对性

一份请示中只能涉及一件事情,请示内容明确、单一,针对性强。

(3)广泛性

请示的使用范围广泛,凡是本机关职权范围内难以解决或超出本机关职权范围的事情,都可以使用请示行文。

(4)双向性

上级机关收到请示后,无论是否批准,都要给以批复,请示与批复是一一对应的。

3. 文体分类

(1)请求指示的请示

这类请示多用于请求政策性指示。如本机关遇到难以处理的问题,不知该如何解决,对于上级机关的方针政策、决定指示有不理解的地方,或上级机关的要求难以执行需要做变通处理等,请示上级机关给予指示。

(2)请求批准的请示

这类请示多用于请求解决工作中的实际困难或具体问题。如增加人员编制、调整机构设置、任免干部、申请经费、增添设备、处理重大事件或人员等,请示上级批准。

4. 内容要素

（1）开头

请示缘由部分，陈述请示原因、根源、由来，即请示依据。一般分为事实依据、政策依据、目的依据三种。请示缘由部分要写得具体充分，有理有据，这是请示能否得到批准的关键。

（2）主体

请示事项部分，具体、明确、条理清晰的提出需要上级机关答复或解决的事项，不能模棱两可。为了请示能够顺利得到解决，该部分有时还要提出解决问题的建议或方法。

（3）结尾

请示结语部分，另起一行空两字书写结尾惯用语，如"特此请示，请批复""以上意见当否，请指示""以上请示妥否，请指示"等。

5. 写作要求

（1）请示要一事一文。请示具有祈请性，请求得到批复，请示内容要具体集中。为防止请示中的事情难以解决，一份请示中只能请示一件事情，不能请示多件事情。

（2）不能多头主送。请示的主送机关只能有一个，这样做是防止互相推诿，不利于请示的及时批复。对于受双重领导的机关，也要根据请示的具体内容，选择一个领导机关主送，另外一个领导机关抄送。

（3）一般不能越级呈送。请示要呈送给直接主管机关，遇特殊情况，如自然灾害、战争等必须越级的，对于越过的主管部门，也要以抄送的形式呈送。

（4）不能主送给领导个人。主送机关应是领导机关或部门的名字，不能写领导个人的名字。

（5）不要事事请示。请示的使用范围非常广泛，但对于职权范围内的事情要大胆负责，不要事无巨细，凡事都要请示，失去请示的意义。

6. 例文

（1）请求指示的请示

××分行关于开展
"兴农贷"个人经营贷款问题的请示

××银行：

为进一步推动农村金融服务体系创新，从根本上解决农民"贷款难""贷款贵"的问题，打通农村金融"最后一公里"，根据《××银行×××××手册》要求，我分行计划开办"兴农贷"业务。但对于"兴农贷"的经营实体准入条件，我分行尚有一些疑问，特请示如下。

《××银行×××××手册》第×条规定，"根据实际情况，可免于经营实体在工商行政管理部门核准登记的相关要求"。其中"实际情况"具体指哪些情况？

以上请示，请指示。

××分行（印章）

20××年××月××日

（2）请求批准的请示

××市场监督管理局关于
开展检测检验机构活动日的请示

市场监管总局：

为深入贯彻习近平总书记关于质量工作的重要指示，全面落实党中央、国务院关于建设质量强国的决策部署，按照《市场监管总局关于开展全国"质量周"活动的通知》（国市监发〔20××〕××号）要求，我局决定在"质量周"活动期间开展检测检验机构活动日。现将具体安排请示如下。

一、活动主题

规范行业管理，提高检测检验能力。

二、活动安排

（一）启动仪式

××月××日，在我市举办检测检验机构活动日启动仪式。宣读并签署《检测检验机构诚信守法承诺书》。

（二）开展检测检验机构活动

1. 实地参观。

2. 知识问答。

3. 科普讲座。

4. 技术培训。

5. 便民检测。

三、活动要求

1. 高度重视，抓好组织策划、活动实施。

2. 广泛动员，发挥主动性、积极性。

3. 注重时效，线上、线下相结合。

以上请示妥否，请指示。

××市场监督管理局（印章）
20××年××月××日

（二）报告

1. 名词解释

报告，适用于向上级机关汇报工作、反映情况，回复上级机关的询问。

2. 文体特点

（1）汇报性

报告是上行文，用于下级机关向上级机关汇报工作、反映情况，以及回复上级机关的询问，目的在于汇报。

（2）陈述性

报告是向上级机关汇报工作的有关进程和动态，以具体材料和数据为依据，所有内容及语言都是陈述性的，一般不做过多议论。

（3）事后性

报告是在工作开展一段时间后，或某种情况发生之后向上级做的汇报，与请示不同，请示是事前，报告是事后。

（4）单向性

报告是下级机关向上级机关单向行文，上级机关只需了解、掌握情况，不需要批复。

3. 文体分类

报告按内容可以分为工作报告、情况报告、答复报告和报送报告。

（1）工作报告。向上级机关汇报工作进展情况和主要做法。

（2）让情况报告。向上级机关反映、汇报某种情况。

（3）答复报告。答复上级机关的询问，汇报相关问题。

（4）报送报告。向上级机关报送决策方案、工作总结或某一重要物品。

报告按性质可以分为综合报告和专题报告。

（5）综合报告。下级机关向上级机关汇报一段时期内工作的全面情况和进展。

（6）专题报告。下级机关就某一工作、某一情况或某一问题做的专题汇报。

4. 内容要素

（1）开头

报告的缘由。该部分主要写报告的原因、目的、依据或背景等，一般用"现将有关情况汇报如下""兹报告如下"等惯用语过渡到报告主体部分。

（2）主体

报告的主要内容。一般包括工作的主要情况、具体做法、取得的成绩、存在的问题、经验教训、今后的打算、意见建议等方面。主体部分要写的条理清晰，层次清楚。

（3）结尾

一般另起一行用"特此报告"等惯用语结尾。

5. 写作要求

（1）不能在报告中夹带请示事项，也不能在报告中要求上级机关给予批复。

（2）报告要抓住重点，详略得当，层次清晰，条理分明。

（3）汇报内容要真实、准确，不能夸大成绩，也不能回避问题。

6. 例文

（1）工作报告

××省市场监管局关于反垄断执法情况的报告

国家市场监管总局：

为贯彻党中央、国务院关于反垄断的决策部署，根据《中华人民共和国反垄断法》《市场监管总局关于支持疫情防控和复工复产反垄断执法的公告》等文件精神，结合我省市场实际，一年来，我省市场监管坚持人民至上，攻坚克难，加强反垄断执法，各项反垄断任务圆满完成，市场竞争环境更加公平，市场化、法治化、国际化的营商环境持续优化。现将有关情况汇报如下。

一、具体做法

1. 支持疫情防控和复工复产。

……

2. 加强平台经济领域反垄断执法。

……

3. 深入民生领域反垄断执法。

……

二、取得成绩

1. 立案调查反垄断案件××起,结项××起,罚没金额××万元。(详见附件1/2)

2. 立案和结案数量较去年分别增长××%和××%,所用时间分别缩短××%和××%。

3. 曝光一批典型案件,社会反响较好。

4. 反垄断执法情况得到社会认可,公众、企业咨询数量大幅提高,电话咨询达到××余次,网络留言××余条。

三、今后努力方向

1. 进一步加强反垄断执法能力建设。修订、完善我局《……工作办法》《……规则》等文件;编写图文版反垄断执法手册及相关规范指南,全力提升反垄断执法能力。

2. 全力推进重点任务落实。为维护市场环境的公平竞争,我局确定了××项重点执法任务,未来将继续认真推进这些任务的完成。

今后,我局将继续认真落实关于反垄断执法的相关决策部署,不断提高反垄断监管能力,全力完善竞争机制,以更加优异的成绩庆祝党的百年华诞。

特此报告。

附件:1.××省市场监管局20××年反垄断执法立案情况
　　　2.××省市场监管局20××年反垄断执法结案情况

××省市场监管局(印章)
20××年××月××日

（2）答复报告

××分行关于开展安防消防大检查情况的报告

××银行：

前接×银发（20××）×号函,询问我分行安防消防大检查情况,现将有关情况报告如下。

一、基本情况

1.各网点建立健全安全建设领导小组和突发应急事件领导处置小组,并加强对所属支行的巡视检查。

2.各网点消防通道畅通,无阻塞物,消防设施检查及时,运行状态良好。

3.监控、报警设施专人专管。

4.联动门使用管理规范。

5.网点值班保安员认真落实检查巡视制度,及时上报巡视情况和登记制度。

二、存在的问题

1.部分网点消防设施不达标。如……

2.加钞操作不规范,存在风险。如……

3.部分支行监控设备间未安装空调。如……

4.部分网点监控视频模糊不清或老化。如……

特此报告。

××分行（印章）

20××年××月××日

（3）报送报告

××地方金融监督管理局
关于报送20××年工作计划的报告

××市政府：

　　根据市政府××会议精神，结合我局实际，现将《××地方金融监督管理局20××年工作计划》呈报，请审阅。

　　附件：××地方金融监督管理局20××年工作计划

××地方金融监督管理局（印章）

20××年××月××日

（三）函

1. 名词解释

　　函，适用于不相隶属机关之间商洽工作、询问和答复问题、请求批准和答复审批事项。

2. 文体特点

（1）平等性

　　函反映的是不相隶属机关间的关系，包括同一系统内的平级机关，也包括不同系统间高级别或低级别的部门，无论是哪种情况，互相都不存在领导与被领导、管理与被管理的关系，是平等关系。

（2）沟通性

　　函用于不相隶属机关间商洽工作、询问和答复问题、请求批准和答复审批，发文机关去函，受文机关复函，体现的是一种双向沟通关系。

（3）针对性

　　函的内容一般比较单纯、单一，都是针对具体问题行文，一份函只写一件事情，针对性很强，且函大多篇幅短小，有的只有几句话，有公文中的"轻骑兵"的美称。

3. 文体分类

按照行文方向,函可以分为去函和复函。

(1) 去函

去函,本机关为商洽工作、询问问题、请求批准主动发出的函。

(2) 复函

复函,本机关为商洽工作,答复问题或审批事项被动回复的函。

按照内容和性质,函可以分为商洽函、询问函、答复函和请批函。

①商洽函:不相隶属机关间商洽事项、联系工作的函。

②询问函:不相隶属机关间询问事项的函,有时上级机关询问下级机关某个具体问题时也会使用询问函。

③答复函:用于答复不相隶属机关商洽、询问、请批具体事项的函。

④请批函:不相隶属机关向业务主管部门请求批准事项的函。

4. 内容要素

(1) 开头

函的开头部分要交代发函的原因、目的、依据等。复函的开头部分要先引用对方来函,写明来函的标题和发文字号,多使用"来函收到""来函收悉""函悉"等字样,然后再交代发函缘由。一般用"现将有关问题说明如下""现将有关问题函复如下"等语引出主体部分。

(2) 主体

函的主体部分是函的主要内容。这一部分要写明商洽、询问、请求批准或者答复、批准的具体事项,要写得完整、清楚而简明。

(3) 结尾

函的结尾部分一般是礼貌地向对方提出希望或请求。然后另起一行,以"特此函商""特此函询""特此函复"等惯用语结尾。

5. 写作要求

(1) 注意文种的选择。函与请示、批复、通知、意见等公文在内容上有相近之处,要根据具体行文关系,选择合适文种。

(2) 语气要合适。函是不相隶属机关间处理工作时使用的文种,在语气上要友好、平和、诚恳、礼貌、不卑不亢。

(3) 主送机关多数只有一个。函的行文对象是明确、单一的,所以多数情况下,函的主送机关只有一个。

(4)讲求时效。函特别是复函要讲求时效,及时处理,及时回复。

6.例文

(1)去函

关于排查违法经营"驻颜美容糖果"的函

各省、自治区、直辖市及新疆生产建设兵团市场监管局（厅、委）：

近日,多家媒体报道,有经营者违法经营"驻颜美容糖果"的情况。"驻颜美容糖果"主要宣传有"抗衰逆龄、驻颜美容,修复DNA"的效果,其虽然以压片糖果等普通食品形式存在,但价格昂贵,食用不仅不会使人驻颜美容,还对身体有很大危害。据调查,"驻颜美容糖果"的主要成分和原料为 β-烟酰胺单核苷酸（NMN）。目前, β-烟酰胺单核苷酸在我国并未获得药品、保健食品、食品添加剂和新食品原料的许可,即在我国境内, β-烟酰胺单核苷酸不能作为食品进行生产和经营。

为此,现请你省进行全面排查,发现辖区内食品经营者违法经营"驻颜美容糖果"的,请及时核实,并依法予以查处。相关排查及查处情况,请于××月××日前报送我司。

联系人：×××

联系电话：×××××××××

市场监管总局食品经营司（印章）

20××年××月××日

（2）复函

市场监管总局办公厅关于
××家食品生产企业旧标签延期使用问题的复函

××省市场监管局：

  你局《关于我省××家食品生产企业旧标签延期使用问题的请示》（××市监文〔20××〕××号）收悉。经研究，现函复如下。

  为持续做好"六稳""六保"工作，减少浪费，依据《食品生产许可管理办法》《食品安全法》等相关法律法规，在确保食品安全的前提下，同意你省××家食品生产企业，在取得新的食品生产许可证之前印制的包装材料及产品标签延期使用，延期至20××年××月××日，相关产品可在保质期结束之前继续销售。

  特此复函。

市场监管总局办公厅（印章）

20××年××月××日

第二章 事务性文书

第一节 计划

一、名词解释

计划是一种事务性文书,是党政机关、企事业单位、社会团体或个人,为了完成一定时期的工作、生产或学习任务,而事先拟定的安排、设想、打算等。

广义的计划是一个统称,包括规划、计划、设想、方案、安排、打算等多种计划性文书。狭义的计划是计划性文书的一种。

规划,是对全局性的工作做提纲挈领式的总体计划,时间较长,一般在五年以上,涉及面广,多为社会或经济发展的大问题,内容上具有概括性、粗线条的特点。

计划,是计划性文书中使用频率最高、使用范围最广的一种。计划可以是一个单位在一段时期内的全面工作,也可以是某一专项工作,内容既包括目标与任务,也包括具体的做法和步骤。

设想,是一种尚未考虑成熟的、初步的、非正式的计划,一般时间较长,具有可变性和远景性。

方案,是对某一专项工作所做的全面而周密的安排,内容具体,可操作性强。

安排、打算,是对短期的工作所做的具体计划,内容单一,方法、措施等比较具体。

二、文体特点

1. 预见性

计划不是在事情发生后进行的描述,而是在开展工作之前制订的预想和安排,预见的准确与否,直接决定了计划的成败。计划的预见性,是其他文体不具备的。

2. 指导性

制订计划的目的,是为了指导实践,合理的计划,对工作的顺利开展和完成具有指导作用。

3. 可行性

计划的目的、方法、措施、时间等,应该符合实际,具有可操作性。计划不能定得过高,否则很难实现;计划也不能定得过低,否则就失去了计划的意义。

三、文体分类

计划按照不同的标准,可以分为不同的类型。

按制作主体分,计划可以分为国家计划、部门计划、单位计划、小组计划、个人计划等。

按时间分,计划可以分为长期计划、短期计划、年度计划、月计划、周计划等。

按性质分,计划可以分为综合计划、专题计划。

按表现形式,计划可以分为条文式计划、表格式计划、条文和表格结合式计划。

四、内容要素

1. 标题

计划的标题有公文式标题和常用式标题两种。

(1) 公文式标题,由单位名称 + 事由 + 文种组成。

(2) 常用式标题,由单位名称 + 计划时限 + 计划内容 + 文种组成。

有时计划的标题还可以简单一些,根据实际情况省略单位名称或计划时限等内容。

2. 正文

(1)前言

计划的前言部分,既是计划的开头,也是计划的总纲。通常在前言部分要交代制订计划的指导思想、政策依据、背景、目的、意义等内容,简明扼要,提纲挈领。可以用"为此,特制订本计划如下""为此,特做如下安排"等语过渡,也可以不使用过渡语。

(2)主体

计划的主体部分,主要写明"做什么""怎么做""什么时间做"等内容,即目标与任务、办法与措施、时限与步骤等。为了使结构看起来清楚、有条理,这一部分多采用条文式写法,用"一、二、三……"分条分项表述,层层展开。

(3)结尾

计划的结尾可以提出希望,发出号召,写明执行要求,表明执行决心等,也可以没有结尾。

(4)落款

在计划的右下方写明计划制订者和日期。

五、写作要求

1. 要从实际出发。计划的制订,要符合国家法律法规、现有政策文件、上级指示精神以及生产、工作、学习的实际,不能脱离实际制订计划。

2. 要目标明确。计划的目标要明确,做什么,怎么做,什么时间做,都要有明确规定,计划不能定的含糊不清,模棱两可。

3. 要留有余地。计划的制订是为了指导实践,避免工作中的盲目性,如果定得死板,在实践中就难以执行。

六、例文

1. 规划

××国际开放枢纽中央商务区"十四五"规划

为更高质量、更高水平推进××国际开放枢纽中央商务区（以下简称"商务区"）建设，根据《××国际开放枢纽建设总体方案》和《××市国民经济和社会发展第十四个五年规划和二〇三五年远景目标纲要》，制订本规划。

一、"十四五"发展总体要求

（一）指导思想

……

（二）发展定位

……

（三）发展目标

……

（四）功能布局

……

二、"十四五"发展的主要任务

（一）提升产业能级，建设一流的国际化中央商务区

……

（二）推荐改革创新，构建高效率全球高端资源要素配置新通道

……

（三）增强辐射功能，打造联通国际国内的综合交通新门户

……

（四）促进产城融合，打造引领高品质生活的国际化新城区

……

三、保障措施

（一）加强组织领导，统筹协调发展

……

（二）强化要素支撑，推动政策落地

……

（三）加大招引力度，提升投资质量

……

（四）落实重点项目，加强督查考核

……

×××××××××
20××年××月××日

2. 计划

××银行"金融知识普及月"活动计划

普及金融知识是防范化解金融风险的重要手段，提高金融知识水平、金融风险意识和自我保护能力，对守好金融消费者、投资者和广大网民的"钱袋子"意义重大。为共筑维护金融消费者长远和根本利益的坚固防线，推动建立健全广泛覆盖、公平统一、可持续的多层次金融知识普及新格局，我行计划开展"金融知识普及月"活动。

一、活动主题

普及金融知识，提升金融素养，共建清朗网络，共享美好生活。

二、活动时间

20××年××月××日—××月××日

三、活动方式

线上、线下联合宣传。

（一）线上

借助官方微信公众号、抖音平台，运用生动活泼的语言、图文并茂的形式宣传金融知识。

（二）线下

1. 在地铁灯箱投放金融知识公益广告。

2. 在××大学、××交通大学、××财经大学、××师范大学设立咨询台，解答金融疑问。

3. 在××审计学院、××大学、××老年活动中心、××公司举办金融知识讲座。

4. 在××社区、×××社区举办金融知识微课堂，开展互动游戏。

三、活动内容

（一）普及基础金融知识，提升金融素养

主要普及基础金融服务和产品相关知识，如个人征信、支付工具使用、银行卡安全、证券期货基本知识、保险知识和投资理财、存款保险制度等常用知识。

（二）宣传红色金融史，坚持党的领导

主要面向社会公众广泛宣传红色金融史，进一步增强感召力，传承红色基因，营造全民学习红色金融史的良好氛围。

（三）宣传理性投资和合理借贷，聚焦重点群体

主要聚焦在校学生、青少年等年轻消费者和老年人。面向年轻消费者突出合理借贷、理性消费等金融知识普及。面向老年人重点普及理性投资理念，提高网络安全意识、自我保护能力和防骗意识。

（四）保护投资者合法权益，加强教育服务

主要宣传普及新《证券法》，向投资者深入开展资本市场法规政策解读，针对市场热点，加强知识普及和风险提示，提升市场各方对注册制改革的认识和理解。

（五）争做金融好网民，弘扬金融正能量

加强金融政策解读和经济形势宣传，提升网民对我国经济平稳健康发展的信心，增强广大人民群众的安全感、获得感、幸福感。

（六）防范非法金融活动，加强风险提示

通过普及常见的非法金融活动表现形式，增强风险防范意识和能力，引导社会公众自觉远离非法金融活动。

××银行

20××年××月××日

第二节　总结

一、名词解释

总结是对以往工作的回顾、思考、分析与评价,目的是找出经验,形成规律性认识,用以指导今后工作的一种事务性文书。

二、文体特点

1. 理论性

总结是对以往工作的回顾,但不是记流水账,回顾的目的是为了思考、分析和评价,要由感性认识上升到理性认识,形成规律性的结论,更好地指导以后的工作。

2. 客观性

总结要以客观事实为基础,实事求是,恰如其分,不能夸大成绩、回避问题,更不能张冠李戴,主观臆造。

3. 指导性

总结经验,可以为相关单位和个人提供借鉴,不断前进,找出教训是为了以后少走弯路,避免重蹈覆辙。总结的目的是为了形成规律性的认识,更好地指导实践。

4. 自身性

总结是对本单位或本人工作情况的回顾,以自身活动为基本内容,总结中的经验、成绩、问题、教训等都带有自身的特点。因此,总结在表述上要使用第一人称。

三、文体分类

按不同的分类标准,总结可以分为不同类型。

按时间分,总结可以分为年度总结、季度总结、月份总结、阶段总结等。

按性质分,总结可以分为综合总结、专题总结。

按内容分,总结可以分为工作总结、学习总结、思想总结、活动总结、生产总结等。

四、内容要素

1. 标题

总结的标题分为公文式标题和文章式标题两种。

公文式标题,由单位名称+总结时限+内容概要+文种组成。有些标题也可以省略其中某些要素。

综合性总结大多采用公文式标题。

文章式标题。文章式标题比较灵活,形式上可以是单行的,也可以加副标题变成双行的;内容上可以是对主旨的揭示,也可以是对全文的概括。

专题性总结经常使用文章式标题。

2. 正文

总结的正文分为前言、主体和结尾三个部分。

(1) 前言

总结的开头部分,简要概述基本情况,如总结的时间、地点、背景等,使读者对总体轮廓有个大致了解;也可以交代总结的主要精神、中心内容、动机、目的等。

(2) 主体

①基本情况。主要交代以往工作都"做了什么"和"怎么做的",即工作进程,具体的方法、步骤和措施等。

②主要成绩。工作中取得的主要成绩,产生的主要效果,可以分成几个方面来写,要具体而有根据。

③基本经验。取得成绩的原因,不能就事论事或空发议论,要上升到理论高度,形成规律性的认识,这是总结的重点。

④问题与原因。没有做好,没有完成的工作,分析存在问题的根源和教训,以便改进工作,取得更大的成绩。

⑤今后努力方向。明确今后工作的目标,或就工作中出现的问题提出解

决办法。

（3）结尾

自然结尾，可以是对全文的总结概括，也可以没有结尾。

3. 落款

在正文右下方署名和写成文日期。单位总结，如果在标题中出现了单位名称，署名这里也可以省略，只写成文日期。

五、写作要求

1. 注重平时积累。总结是对以往工作的回顾，为了总结的全面、客观，就要注意平时积累，养成写大事记的习惯，注意收集和保存与将来写总结有关的材料、数据、图表等，这样在回顾时，就有了可靠的依据。

2. 实事求是。总结要实事求是，一切从实际出发，既不能好大喜功，只讲成绩，不谈问题，也不能妄自菲薄，把工作说得一无是处。

3. 要重点突出。做总结时，要重点突出，分清主次，不能面面俱到，更不能想到什么写什么，抓不住重点，表达不出本质。

六、例文

1. 综合性总结

××证券交易所20××年度工作总结

为落实党中央、国务院政策，贯彻国家创新驱动发展的理念要求，深化新三板改革，更好地支持中小企业发展，打造服务创新型中小企业阵地，××证券交易所20××年强化措施，狠抓落实，取得了阶段性成效。

一、工作开展情况

……

二、取得的成绩

（一）融资准入方面

……

（二）交易制度方面

……

（三）持续监管方面

……

（四）退出安排方面

……

（五）市场连接方面

……

三、存在的不足

（一）规划设计滞后

……

（二）管理服务粗放

……

四、下一步工作打算

（一）凝聚合力，强化保障

……

（二）规范管理，提升服务

……

××证券交易所
20××年××月××日

2. 专题性总结

20××年"两会"建议提案办理情况总结

一、总体情况

20××年,中国人民银行××支行共承办人大代表议案××件、建议××件,政协委员提案××件,合计××件,较20××年增长××%。中国人民银行××支行坚持"民有所呼、我有所应"的原则,积极作为、创新工作,与代表沟通率和答复办结率均为100%。20××年"两会"建议提案办理工作圆满完成。

二、主要做法

（一）强化统筹分析，高质量部署

1. 统筹做好疫情防控和办理工作。……

2. 对建议内容进行梳理和分析，制订相应工作办法。……

3. 明确办理时间，加强督办。……

（二）坚持"开门办理"，高质量沟通

1. 通过邀请、座谈等方式，与代表委员深入沟通。……

2. 积极与代表委员进行电话沟通。……

3. 积极登门走访代表委员。……

（三）强化审核督办，高质量答复

1. 复文设置三道审核程序。……

2. 建立专项督办机制。……

三、取得成效

（一）金融支持疫情防控和稳企业保就业成效显著

20××年，面对突如其来的新冠肺炎疫情，我国经济社会发展面临着前所未有的挑战。中国人民银行××支行主办的××件建议提案中有××件与此相关。有代表委员建议，"降低融资成本，进一步释放银行流动性，营造更为宽松的金融政策环境"。还有代表委员反映，"受疫情影响，不少企业经营困难，建议延长民营企业贷款期限"等。

针对这些建议提案，中国人民银行××支行集中力量分析研究，最终将代表委员的合理建议，转化为一系列政策措施，先后出台《关于××的通知》《关于××的意见》等文件，努力做好中小微企业金融服务工作。

（二）推动和深化金融改革取得新突破

××委员建议，"……"。××等×位代表建议，"……"。对此，中国人民银行××支行在深入调研基础上，建立跨部门合作机制，加强金融控股公司监管，进一步推动和深化了金融改革。

20××年"两会"在即，中国人民银行××支行将继续贯彻落实党中央、国务院关于金融改革发展的决策部署，求真务实办好每一件提案和建议。

中国人民银行××支行
20××年××月××日

第三节 讲话稿

一、名词解释

讲话稿,又称发言稿,是指在重要的公共场所或隆重的仪式上讲话时提前拟定的书面文稿。广义的讲话稿包括领导讲话稿、会议报告稿、演说词、悼词、贺词、开幕词、闭幕词、欢送词、法庭辩护词等,狭义的讲话稿专指领导讲话稿。本章介绍的是狭义讲话稿,即领导讲话稿。

二、文体特点

1. 针对性

讲话是一种社会活动,可以应用于任何场合,如会议、集会、开幕式、闭幕式、演讲比赛等,场合不同,面对的听众层次和类型也不同。设计讲话稿时要有的放矢,根据场合和听众有针对性地确定讲话内容和方式。

2. 口头性

讲话稿虽然是书面形式的,但目的是为了口头表达,所以拟稿的时候就要以易说能讲为前提。既要有书面语言的准确、简洁、精炼,又要有口头语言的通俗、生动、朗朗上口、流畅易懂。

3. 双向性

讲话是讲话者和现场听众之间的双向信息交流,写作讲话稿时要心中有听众,考虑现场的氛围和预测临场可能出现的问题,甚至可以根据现场情况,临时对讲话稿的内容做一些灵活的调整。

4. 规定性

首先,讲话是有时间限制的,一般来说,讲话稿的篇幅不宜过长,切忌拖沓冗长,喧宾夺主。其次,讲话时要举止文雅,谈吐得体,不能哗众取宠。

三、文体分类

按照详略程度,讲话稿可以分为详稿和略稿。

按照内容,讲话稿可以分为政治讲话稿、学术讲话稿、社会生活讲话稿等。

四、内容要素

讲话稿的写作包括标题、签注和正文等部分。

1. 标题

(1) 单标题

由讲话者姓名、场合加文种等组成,如《李克强在全国深化"放管服"改革着力培育和激发市场主体活力电视电话会议上的讲话》;也可以省略讲话者姓名,由场合加文种组成,如《在企业家座谈会上的讲话》。

(2) 双标题

双标题由主标题和副标题组成,主标题一般是对中心思想、主要内容的概括,副标题的结构和单标题相同,由讲话者姓名、场合加文种组成。如《让多边主义的火炬照亮人类前行之路——习近平在世界经济论坛"达沃斯议程"对话会上的致辞》。

2. 签注

讲话者姓名和时间。

3. 正文

(1) 称谓

一般顶格写称谓,如同志们、各位代表、各位专家等。

(2) 开头

对讲话内容进行简要概括、概略描述现场氛围、介绍背景或表示祝贺和慰问等。

开头部分在讲话稿中具有重要地位,起着集中听众注意力、缩短与听众距离、建立情感共鸣、引入正题的作用。写法灵活多样,可以采用直叙式、提问式、引用式、回忆式、情境式、背景介绍式等方式。

(3) 主体

讲话的主要内容和核心部分,也是讲话稿中最精彩的部分。主体部分要清楚、充分、严谨,层层展开,步步推进。结构层次可以采用并列式结构或递进式结构,也可以将并列式和递进式结合,总之要吸引听众、感染听众。

（4）结尾

讲话稿一定要有结尾,否则听众不能判断出讲话是否结束,还会有虎头蛇尾的落差感。结尾可以是专门交代,如"我的讲话结束了,谢谢大家"等;也可以自然收尾,即不专门交代,但内容能使听众听出讲话结束了,如表示感谢、祝愿、希望或号召等。

五、写作要求

1. 针对性要强。讲话是要面向听众的,所以要了解听众的思想状况、文化程度、职业、需求等,有针对性的写作讲话稿。

2. 要观点鲜明。讲话稿要观点鲜明,逻辑清晰,这样才能让听众听得清、记得住,进而信服、接受。

3. 语言要通俗易懂。好的讲话稿不能晦涩难懂,也不能刻意追求辞藻的华丽,要让听众能听得懂。

4. 收尾要恰当。收尾要在恰当的地方,不能主体内容表达完了还不收尾,拖沓冗长,使听众觉得不耐烦,也不能主体表达不完整,就突然收尾。

5. 篇幅不宜过长。讲话稿重在精,不在长,要注意控制篇幅,以免喧宾夺主。

六、例文

在20××年度表彰大会上的讲话

（20××年××月××日）

×××

同志们:

今天,我们在这里召开20××年度表彰活动。表彰一年来,在公司党风廉政建设中涌现出的先进典型,激励全公司各级党组织和广大党员干部职工,坚定理想信念,践行初心使命,鼓舞工作干劲,在公司建设中再立新功。在此,我代表公司党委,向受到表彰的先进集体和个人表示热烈的祝贺！向奋战在各条战线上的广大干部职工致以崇高的敬意!

人无精神则不立,国无精神则不强。今天受到表彰的先进基层党组织和个人,是在公司改革发展中辛勤耕耘、贡献卓著的杰出代表。希望各级党组织、各级领导干部、全体共产党员和广大职工要向他们学习,学习他们艰苦奋斗、脚踏实地、刻苦钻研、勇于担当、积极作为的精神。通过向先进榜样学习,树立正确的"三观",凝聚强大的发展共识,展现新时代党员的责任与担当。

过去的一年,市场竞争异常激烈,公司内外部环境严峻复杂,广大党员及全体干部职工,以高度的责任心和强烈的使命感,在各自的岗位上,为公司生产经营任务全面完成和企业长远健康发展做出了巨大贡献。下面,我代表公司党委对过去一年的工作进行简要回顾,并对今后的工作提几点要求。

一、工作简要回顾

一年来,公司各级党组织能够以习近平新时代中国特色社会主义思想为指导,认真学习贯彻新时代党的建设总要求,不断把党建工作做深、做实、做细,为企业持续高质量发展提供了坚强的思想保证、政治保证和组织保证。

(一)全面提升了党的领导质量

在公司章程中明确了党委职责,巩固了企业党组织在法人治理结构中的地位和作用。细化了公司党委前置研究讨论重大经营管理事项清单,厘清了各治理主体权责边界。

(二)全面提升了党员经常性教育质量

把准政治方向,传达全国"两会"精神,依托"三会一课""学习强国""腾讯会议"等载体,在线上、线下开展"党课开讲啦"活动,不断优化党课内容,丰富党课形式,创新党课载体,着力提升党员经常性教育质量,进一步坚定了广大党员的理想信念。

(三)全面提升了干部队伍建设质量

加大中层干部队伍考核调整力度,加强后备干部队伍整顿,打造了一支信念过硬、政治过硬、责任过硬、能力过硬、作风过硬的高素质、专业化、年轻化的中层后备干部队伍。

(四)全面提升了党风廉政建设质量

严明政治纪律和政治规矩,勇担政治责任,加强党内监督及反腐败宣传教育工作,教育引导党员干部职工保持为民务实清廉的政治本色,自觉同不良思想和现象做斗争,坚决预防和杜绝腐败发生,通过干部警示教育大会集中通报和巡察全覆盖等措施,形成了企业风清气正的良好政治生态。

同志们,这些成绩的取得,是各级党组织以及广大党员、领导干部和职工群众共同努力拼搏的结果,值得肯定和表扬。

与此同时,我们也要清醒地认识到公司党建工作存在的问题和短板:一是党建理论学习与生产经营深度融合还不够,需要在实践层面进行更深入的探索;二是党员干部队伍能力素质还有提升空间,部分党员的党性教育还需要进一步加强。

二、对今后工作的几点要求

下面我主要从党史学习方面,对接下来的工作提几点要求。

(一)高度重视,压紧压实责任

各部门要把开展党史学习教育作为重大政治任务,结合部门实际,对党史学习教育活动做出部署安排,确保组织到位、措施到位、落实到位。积极参加党史学习教育各项活动,做好总结提炼学习教育成果,从严从实抓好党史学习教育。

(二)正向引导,树立正确的历史观

坚持马克思主义历史观,牢牢把握党的历史发展的主题和主线、主流和本质,以两个历史决议等中央文件精神为依据,正确认识党史上的重大事件、重要人物、重要会议等,旗帜鲜明地反对历史虚无主义,坚决抵制歪曲和丑化党的历史的错误倾向,树立正确的历史观、民族观、国家观、文化观。

(三)抓好宣传,做好经验总结

要积极做好动员宣传及总结上报工作,发现和挖掘身边的典型,及时宣传开展党史学习教育的经验做法和收获体会。要坚持媒体平台联动、线上线下互动,发挥新媒体积极作用,为党史学习教育营造浓厚的舆论氛围,确保党史学习教育取得实效。

(四)注重成效,加强督促指导

要把开展党史学习教育与贯彻落实习近平总书记重要讲话重要指示精神紧密结合起来,与统筹疫情防控和公司事业发展紧密结合起来,注重党史学习教育的成效。

同志们,希望大家以先进为榜样,以先进为动力,努力拼搏,奋发进取,再立新功,再创佳绩!

谢谢大家!

第四节 述职报告

一、名词解释

述职报告是担任一定领导职务的干部和专业技术人员,向自己的选举任命机构、上级领导、本单位的职工群众等,汇报自己在一定时期内的工作情况的自我评述性书面报告。

二、文体特点

1. 自述性

述职报告是报告人自我述说在任职期间内的工作情况,要使用第一人称写法,任何集体或个人不得代替他人述职。

2. 自评性

述职报告是报告人依据自己的工作表现,对自己任职期内的德、能、勤、绩等情况进行评价,不是从第三方的角度审查、鉴定、评价他人工作。

3. 透明性

述职报告具有很强的透明性,一般要当众宣读或呈送给有关领导,能较好地反映干部和有关人员的工作成绩和工作水平。

4. 参考性

述职报告是组织、人事考核干部,群众评价干部的重要参考,报告材料将作为述职人升迁、留任、降职或调任的重要根据存入人事档案。

三、文体分类

述职报告按照不同的标准,可以分为不同的种类。

按照时间分,述职报告可以分为任期述职报告、年度述职报告和临时性述职报告等。

按照内容分,述职报告可以分为单项工作述职报告、专题述职报告、综合述职报告等。

按照形式分,述职报告可以分为口头述职报告和书面述职报告。

按照范围分,述职报告可以分为集体述职报告和个人述职报告。

四、内容要素

1. 标题

述职报告的标题有公文式标题和文章式标题两种。

公文式标题,由姓名＋时限＋事由＋文种组成。也可以省略姓名、时限和事由,只写文种,即"述职报告"。

文章式标题,可以采用正标题加副标题的写法。

2. 署名

可以在标题下,写明单位全称和述职人姓名;也可以在正文后,和日期共同组成落款部分。

3. 正文

述职报告的正文由开头、主体和结尾三个部分组成。

(1) 开头

述职报告的开头部分要交代任职概况和述职评估。包括何时任职、工作变动情况、背景情况、岗位职责,对个人尽职的总体评价等内容,确定述职范围和基调。

(2) 主体

这是述职报告的主要内容,主要写尽职情况、失误或不足、经验与教训、今后的设想和决心等内容。

①尽职情况。主要写工作实绩,包括对党和国家的方针政策、法纪指示的贯彻执行情况,对上级领导交代事项的完成情况,对分管工作的完成情况等,特别是在处理敏感、棘手问题,面对突发事件或重大事件时,自己做出了哪些决策,采取了什么措施,取得了什么样的效果。

②失误或不足。要根据具体情况,实事求是,写出存在的主要问题,并分

析问题产生的原因。

③经验与教训。在对尽职情况和失误不足进行总结的基础上,还应该有理论规律的思考,做到述评结合。找出尽职工作中的成功经验和失误不足中的教训,为以后更好地开展工作打下基础。

④今后的设想和决心。从实际出发,在科学分析的基础上,对以后的工作做出规划,并表明恪尽职守的愿望和决心。

（3）结尾

一般用"以上报告,请批评指正""以上是我的述职,谢谢各位"等惯用语结尾。

五、写作要求

1. 实事求是。述职报告是上级和群众考核干部、评价干部的基本依据和参考。在写述职报告时要严肃认真,实事求是,客观公正,不能弄虚作假,夸大成绩,回避问题,要经得起检验和鉴定。

2. 述评结合。述职,既要讲事实、摆材料,形象具体的叙述工作情况,也要有自我评价,要进行由彼及此、由浅入深、由表及里地分析,总结规律。

3. 表述通俗。述职,特别是口头述职时,听取汇报的人,可能学识不同、专业不同,因此述职报告的内容要尽量通俗易懂。

六、例文

述职报告

尊敬的各位领导：

大家好！

我是××银行××支行机关党委书记×××,根据银行领导安排和要求,现将本人20××年抓基层党建工作情况进行汇报。

一、尽职情况

（一）学习贯彻习近平新时代中国特色社会主义思想

……

（二）履行抓基层党建和全面从严治党工作第一责任人职责

……

（三）落实基层党建工作重点任务

……

（四）推动党建工作与业务工作深度融合

……

（五）持续整治"四风"

……

（六）查找和解决问题情况

……

二、存在的不足

（一）主体责任还没有完全压紧压实

……

（二）全面从严治党还存在薄弱环节

……

（三）党建引领作用发挥得还不充分

……

三、下一步工作要求

一是强化政治担当，扛稳扛牢基层党建主体责任。

……

二是持续精准发力，全面提升基层党建工作水平。

……

三是持续务实笃行，着力推动基层党建工作落实。

……

以上是我的述职，请各位批评指正。

××

20××年××月××日

第五节　请柬

一、名词解释

请柬是向客人发出正式邀请的专门信件,也称为请帖。

二、文种特点

1. 小巧:请柬不论从外观还是从具体内容上看都非常简洁、小巧。
2. 告知性:请柬里包括具体的时间、地点、活动内容、参加人员情况等,包含的信息点非常多,要求每个问题都要说清楚。

三、文体分类

从外观上划分,可以分为单页式和折叠式请柬。单页式一般是正反面书写,比较简洁朴素;折叠式分为横开和竖开两种样式,给人的感觉比较庄重、考究。

四、内容要素

请柬一般由标题、称呼、正文、敬辞和落款组成。

通常,各单位的请柬都已经按照固定样式印制好了,因而,标题、敬辞和落款处的单位名称等信息都是不需要填写的。

1. 标题,可以写"请柬",也可以写"邀请书"或"柬帖"。
2. 称呼,写被邀请人的姓名或单位名称。称呼要写在正文抬头顶格处,以示尊敬。
3. 正文,这部分主要须写清活动内容与方式、举行的时间与地点、参加活动的人员情况等内容,如果还有其他要求,则要特别注明,如"请着正装""请准备发言"等。

4. 敬辞，即恭候语，可以是"敬请光临""届时敬请出席"等。

5. 落款，要签署邀请者姓名或单位名称，以及发柬日期。

五、写作要求

1. 内容上一定要将主要信息要素表述清楚。

2. 请柬在设计上要注重艺术性，力争给人赏心悦目的感觉。

3. 语言要简洁明朗，措辞力求文雅，如果是手书，字迹要工整、规范、美观。

六、例文

请　柬

××电视台：

　　兹定于20××年××月××日上午九点，在××省宾馆××会议厅举行××银行与××汽车集团战略合作签字仪式，届时恭请贵台派记者光临，敝行深感荣幸之至。

××银行（盖章）
二○××年××月××日

第六节　欢迎辞

一、名词解释

欢迎辞是在迎宾的仪式或宴会上对宾客表示真诚欢迎的讲话稿。

二、文种特点

1. 感情上突显真诚和愉悦性。子曰"有朋自远方来，不亦说乎"，所以写欢迎辞,要体现出主人的愉快心情,措辞讲究热情洋溢,给客人一种"宾至如归"的快乐感觉。

2.表达上要以口语为主,通俗化是欢迎辞的一大特点,而且口语也便于宾主之间拉近关系。

三、文体分类

欢迎辞按照呈现形式可以分为:现场欢迎辞和报刊发表的欢迎辞。按照社交性质又可以分为:私人交际场合欢迎辞和公务往来欢迎辞。

四、内容要素

欢迎辞一般是由标题、称谓、正文和落款组成。

1.标题

(1)单一标题,即仅以"欢迎辞"为题。

(2)致辞场合+地点,如"在××公司××分公司成立二十周年庆典大会上的欢迎辞"。

(3)致辞场合+致辞人+文种,如"在欢迎××国际战略投资银行考察团宴会上×××公司董事长的欢迎辞"。

2.称谓

标题下一行顶格写称谓。通常情况下,称谓有尊称与泛称两种,尊称一般要在称呼前加上一些修饰词,如"尊敬的""敬爱的"等等;泛称则是广泛用于宾客较多,又不分主宾与副宾的情况,一般会写"亲爱的朋友们""女士们、先生们""各位朋友们"等。如果来宾非常多,又分主宾与副宾,通常会先称主宾,再称副宾,主宾一般要将其姓名、职衔等称呼明确;副宾可以用泛称。

3.正文

通常欢迎辞的正文包含引言、主体和结语三个部分。

(1)引言

也称引语或导语,一般情况,引言要说明现场举行的是什么活动、仪式,致辞人代表谁,并要热情洋溢地对来宾进行介绍,表示热烈的欢迎,致以真诚的问候。

（2）主体

一般要表达如下几层意思。

①阐述与会各方的共同价值理念、思维立场、观点、原则与目标等。

②介绍来宾在双方关系上曾经做出的突出贡献,并给予真诚礼赞。

③叙述双方一直以来保持的友谊以及这种交往的重要意义。

④介绍活动主办方的基本情况,并对未来发展提出美好展望。

（3）结语

再次对各位宾客的来访表示衷心的祝福。

4. 落款

如果是用于现场讲话的欢迎辞,则无须落款。如果是要刊载的欢迎辞,则落款既可以写在标题下方,也可以写在文末。一般要署上致辞单位名称、致辞人姓名和成文日期。

五、写作要求

1. 以礼待人、热情真诚。

2. 言简意赅、措辞得体。

3. 逻辑清晰,主次分明。

六、例文

欢迎辞

尊敬的女士们、先生们:

值此××保险公司××分公司成立20周年之际,我谨代表我公司向各位远道而来的嘉宾朋友们表示最热烈的欢迎。

今天来到这里的宾朋很多都是与我公司有长期良好合作关系的老朋友。我们多年的合作,都是建立在求同存异、互惠互利、友好共赢、共同发展的原则基础上。我公司从成立至今能够一直保持良性发展态势和较高业绩,离不开老朋友们的真诚合作和鼎力支持,对此,我谨代表我公司向各位朋友再次表现万分感谢。

今天,还有许多来自全国各地的新朋友,欢迎你们不辞辛苦来到我们这里走一走、看一看,能够有幸结识各位我们觉得无比荣幸,相信今后我公司能够与各位新老朋友继续深化合作,拓宽彼此合作交流的领域,推动友好关系更上一层楼。

子曰:"有朋自远方来,不亦乐乎"。真心祝愿大家在这短短几天的考察、访问、交流活动中有所收获,这里谨祝各位身体健康、生活美满幸福。

××总经理

××保险公司××分公司(盖章)

第七节 贺信

一、名词解释

贺信也称为祝贺信,是对某单位、某组织、某团体或个人取得的突出成绩,或者发生的重大喜事表示祝贺的专用书信。

二、文种特点

1.时效性:贺信讲究及时、快速,越早向对方发出贺信,越能表现出发信人的真诚与热情。

2.赞美性:贺信是向对方道喜的,从内容到措辞都要体现出积极、正面的情感。

三、文体分类

通常,贺信可以分为对下级的贺信,对上级的贺信和对同级的贺信。

对下级的贺信,除了要表达对其取得成绩的祝贺以外,还要提出相应的期望和要求。

对上级的贺信,在表示祝贺之外,还要表达作为下级,在下一阶段要为完成某任务而奋斗的决心。

对同级的贺信,在表示祝贺之外,还要表达真切愿意向对方学习的态度。

四、内容要素

贺信一般是由标题、称谓、正文、结语和落款组成。

1. 标题

（1）单一标题,即仅以"贺信"为题。

（2）祝贺方+文种,如"教育部的贺信"。

（3）被祝贺方+文种,如"致××银行的贺信"。

（4）祝贺方+被祝贺方+文种,如"中国银行保险监督管理委员会致××保险公司的贺信"

2. 称谓

标题下一行顶格写称谓。如果是写给某人的,则姓名之后要加礼仪通称,如"同志""先生"等。如果是写给某单位集体的,要写明单位全称。

3. 正文

通常贺信的正文要写以下方面内容。

（1）结合祝贺的具体事件,说明写此贺信的理由。

（2）分析概括对方取得成绩的原因。

（3）表达热切的祝贺之情。此外,根据双方关系情况,可以再写一些诸如鼓励、希望、下一步的工作设想等内容。

4. 结语

结语这里要写上祝愿的话。如"祝再接再厉,取得更大的胜利""祝贺大会圆满成功""祝××事业更上一层楼"等。

5. 落款

正文下一行另起一段,右侧顶格签署单位的名称或个人姓名,下一行注明成文日期。

五、写作要求

1. 写贺信之前要充分理解祝贺方与被祝贺方之间的关系,根据双方亲疏远近来合理地确定贺信的内容、写作角度和措辞用语。

2. 内容要符合实际，赞美之辞要中肯、适度。

3. 贺信的态度要真诚，万万不可让对方感觉言不由衷或是虚情假意，导致写作目的无法实现，出现适得其反的效果。

六、例文

贺信

××保险公司：

喜闻贵公司股票成功登陆沪市，这是业界的一件大喜事。在此，谨向公司领导及全体员工表示最热烈的祝贺！

贵公司连续三年实现了利润增长率10%以上，堪称业内榜样。我们相信贵公司在不久的将来一定能再创新辉煌，同时，也由衷地希望贵公司以后愿意与我们多分享、多交流相关的经营理念与成功经验。

再次祝愿贵公司再创佳绩，鹏程万里。

××保险公司（盖章）

20××年××月××日

下编：金融专业用文书写作

第三章 经营性文书

第一节 调研文书

一、银行授信调查报告

1. 名词解释

银行授信调查报告属于银行实用业务专用文体，是银行对授信的可行性进行全面分析与评估论证，以确定是否可以授信的书面报告。

2. 文种特点

（1）材料的真实性

银行授信调查报告要遵循科学的调查方法，以便为最终决策提供重要判断依据，因而所涉及的材料一定要准确、真实、可靠。撰写人应当坚持客观公正的原则，根据客观情况实事求是地组织材料并加以论证、评判。

（2）论证的缜密性

银行授信调查报告不仅要进行定量分析，也要进行定性论证。论证过程要求思路清晰、逻辑严谨,做到有数据有说明,有理有据,充分体现出文章的论证力与说服力。

(3) 方案的最佳性

银行授信调查报告的目标是要拟定一个项目,力争要做到"在法律上合规、政策上合理、经济上合算"的最佳方案,所以银行授信调查报告必须分析事态发展的可能性,找出利、弊两个方面的因素,权衡得失等情况,并在此基础上提出最佳决策方案。

(4) 结论的超前性

银行授信调查报告是项目计划制订与实施的关键依据,先于银行授信,因而具有明显的前瞻性和对后续业务的指导意义。

3. 文体分类

银行授信调查报告按照授信业务申请人不同,可以分为"个人授信调查报告""金融机构类授信调查报告"和"公司类授信调查报告"。还可以从写作形式上划分为表格式和条文式授信调查报告。

4. 内容要素

通常情况下,银行授信调查报告包括封面内容、报告目录、正文以及附件。

(1) 封面

银行授信调查报告要有封面,包括报告名称、授信客户名称、送审单位、送审单位负责人及主要参与人、送审日期。通常,银行内部都有授信调查报告的写作模板,撰写者只要按照项目依次填写即可。

一般情况下,标题采用公文式标题的拟定方法。通常由三个部分组成,即要写明××银行因何事由的授信调查报告,如:××银行对××公司的授信调查报告。有时也可以简写为:××银行客户授信报告。

(2) 正文

正文部分是银行授信调查报告的核心,一般包括前言、主体和结论。

①前言:前言也可称为总论,主要是说明授信项目情况、授信依据、概述授信的内容或意义。有时候,因为接下来的主体部分写作十分周详,所以前言部分的写作可以有所省略。

②主体:主体也称为论证,是银行授信调查报告的重点部分。通常这里要用到定量与定性分析的方法,对未来授信项目开展的可行性进行分析论证,

主要内容一般包括以下几个方面：客户背景、授信背景、风险分析、经营状况分析、财务情况分析、授信建议、担保分析等。

③结论：也称结语，是对整篇授信调查报告的凝练概括。撰写者在这里要明确给出是否授信的结论，这是供决策者参考的结论性建议，同时要说明该授信存在的风险及相关问题。

（3）附件

对授信调查报告具有一定的参考价值或能够起到补充说明作用的材料，可以用附件形式附于正文之后，诸如政府相关政策文件、项目审批文件、项目合作意向书、相关调查资料、各种统计图表等。

5. 写作要求

（1）实事求是。撰写者要从实际出发，客观论证，为领导最终决策提供建议，力求做到所得结论合理、准确。

（2）内容全面。由于银行授信调查报告涉及内容庞杂，要求撰写者既要有国家政策法律法规方面的知识，又要有很强的金融专业技术性知识，难度较大，所以是一个复杂的系统性写作任务。

（3）行文思路清晰，逻辑严密，表达准确清楚。

6. 例文

封面：

××银行××分行××支行客户授信报告

授信客户：××股份有限公司

送审（经办）单位：××银行××分行××支行

送审（经办）信贷员：×××

资料上报日期：××××年××月××日

目录

一、客户背景情况

二、授信业务背景情况

三、行业风险分析

四、经营、管理风险分析

五、财务风险分析

六、授信额度确定

七、担保情况分析

八、授信对象评级和授信业务评级

九、综合结论与授信安排

附件

一、客户背景情况

××股份有限公司（以下简称公司）是19××年××月经××省人民政府批准，由××（集团）总公司作为独家发起人，按募集设立方式进行股份制改组成立的。公司于19××年××月××日领取企业法人营业执照，注册资本××万元，其中社会公众股××××万元，于19××年××月××日在上海证券交易所挂牌上市，募集资金××××万元。

公司是国家大型企业，所属行业为化工行业。19××年公司主营产品××销售占全国市场份额×××，业内排名第××位。目前已经发展为中国最大的××制造企业，市场占有率全国第×。

公司地址（略）

公司的银行开户情况（略）

二、授信业务背景情况

公司于20××年××月在我行获得综合授信××万元，用于短期流动资金周转，期限××年，方式为信用，利率为基准利率下浮××，即××。

随后公司在××银行获得授信××万元，并于××月份向其足额贷款。××月末，公司在××银行新增授信××万元，××月足额贷款。××月公司还在××银行××分行贷款××万元。公司上述他行贷款为担保，均由××省担保公司提供担保。

截至20××年年末，公司短期贷款余额为××万元。

三、行业风险分析

公司所处行业为化工行业。

1. 行业信贷评级

公司所处行业风险评级为××级。

2. 授信客户在该行业中所处的位置

公司在所处行业中位置为：第××层次。

3. 行业主要的弱势和风险

（1）行业成本结构（略）。

（2）行业成熟度（略）。

4. 行业主要的优势和风险化解能力

（1）成本结构（略）。

（2）成熟度（略）。

（3）周期性（略）。

（4）盈利能力（略）。

（5）依赖性（略）。

（6）替代品（略）。

（7）对行业的监管（略）。

（8）环境、环保因素（略）。

四、经营/管理风险分析

1. 一般特点

市场份额、竞争状况、生命周期、与同业比较的盈利水平等。

【市场份额】（略）

【竞争状况】（略）

【生命周期】（略）

【盈利水平】（略）

2. 目标和战略

20××年公司提出的战略是：发挥品牌优势，依托……结合形成的核心竞争力，通过兼并重组、收购等办法，推进公司低成本快速扩张，提高公司的规模化效益。经营目标为销售额超过亿元，利润达到××万元。年末公司圆满实现该经营目标。

20××年公司的基本目标是销售、盈利再翻一翻，达到销售××个亿，利润××万元。为了保证销售实现，公司拟成立专门的销售公司。

公司目前的生产能力、经营管理水平能够保证销售目标的实现。

3. 产品与市场匹配（略）

4. 供应分析

公司前十名供应商合计采购金额20××年及20××年均占年度采购总额的××。这说明公司的供给较为稳定，保障充分，但是从另一方面讲，供应集中也意味着风险集中。

公司前十名供应商情况（略）

5. 生产分析

公司近两年生产量情况表（略）

从公司实际情况看，目前公司的电力成本较高，占总成本的××左右。

经与公司了解，电力体制改革方案的实施可能导致公司用电价格的变动，从而影响公司的经济效益，但就现阶段来说，价格未变；作为我省支柱产业的龙头企业，在政府关注以及有效帮助下发展壮大起来的公司来说，政府将继续对公司生产给予有力支持，省政府充分认识到电力价格是关系到该行业发展的关键，随着我国电力体制改革的进一步推进，省政府将持续给予关注并加以协调。

主要产品单位生产成本表（略）

6. 分销渠道分析

公司产品品位较高、质量稳定、信誉好，在国内外市场上均有相当的知名度，今年，公司又从省××进出口公司招聘了优秀的专业销售人才，使公司销售业绩得到进一步提高。

公司已经获得自营进出口权,建立了成熟的国外直销网络;公司××以上的产品销往日本、澳大利亚、南美、欧洲、南非、东南亚等××多个国家和地区。公司的水泥主要销往××市地区,并占有一定的市场份额。

7. 销售分析（略）

综上,公司成本生产降低后,产品市场竞争力明显加强;企业规模扩大后,对市场的控制力也明显加强。20××年下半年公司低价格迅速抢占市场,为来年公司发展奠定了一定的基础。公司目前的生产能力较去年平均生产能力增长××倍,意味着公司饱和生产,全额销售,公司的销售收入将达××亿元以上。

8. 管理层评价（略）

从企业目前的组织形式,管理层的素质和经验,经营思想和作风、员工素质、内部控制与管理、财务管理能力看,该企业具有以下特点。（略）

与此同时,我们通过对公司的深入了解,也发现该公司目前的经营管理中还存在如下不足或存有风险的方面。（略）

9. 分析总结

通过分析,对公司经营管理情况小结如下。

【主要风险】（略）

【主要的优势和风险化解能力】（略）

五、财务风险分析

1. 财务报表质量

公司提供的月度财务报表,内容翔实,20××年年度财务报表经北京××会计师事务所有限责任公司审计,并出具了无保留意见的审计报告。公司财务报表反映了公司的经营情况,报表信息全面,可做银行授信的依据。

2. 销售和盈利能力

销售能力（略）

盈利能力（略）

3. 偿债和利息保障能力（略）

4. 资产管理效率（略）

5. 流动性（略）

6.长期偿债能力及再融资能力（略）

7.现金流量分析（略）

8.分析总结

通过对公司的财务分析，公司20××年盈利水平较上年度增加××万元，达到历史最好水平。原因主要是销售增长、成本下降两大因素。

销售增长是由于规模扩张，生产能力的提升。成本下降的最主要的原因是电力让利。规模扩张带来公司经营的风险，但公司目前较为有利的政策因素及电力入主的客观原因有利于风险的降解。

【主要的弱点与风险】（略）

【主要的优势和风险化解能力】（略）

六、授信额度确定

1.借款原因分析（略）

2.还款能力分析（略）

3.授信客户申请额

客户向我行申请票据贴现××万元，为了保证应收票据的贴现需求，申请××万元的授信支持。

4.其他因素（略）

5.分析总结（略）

通过预测分析，在销售较差的情况下，公司具备还款能力；在基准及销售较好的情况下，公司20××年当年的还款能力不足，但在以后年度均有还款能力，其资产流动性及变现能力良好，融资渠道广泛。总体评价具备还款能力。

七、担保分析

公司目前在我行××万元的贷款为信用方式。

银行承兑汇票的贴现不存在担保问题。

若公司提供贷款担保，可能为××控股集团、××省担保公司，或其他与电力集团有关的公司、企业，因目前尚不能确定，暂不进行具体分析，在实际操作中，我们将根据具体情况进行具体分析。

八、授信对象评级和授信业务评级

授信对象风险评级为××级。

授信业务风险评级为××级。

九、综合结论及授信安排（授信品种、授信金额、授信期限、担保、利率、约束条件等）

1. 行业风险及其风险化解能力（略）

2. 经营风险及其风险化解能力（略）

3. 财务风险及其风险化解能力

风险：（略）。

风险化解能力：（略）。

4. 授信额度确定

20××年公司资金需求达××万元。

20××年的还款能力不足，但20×××20××年公司具备还款能力。

公司目前有××多万元的银行承兑汇票贴现可能，目前已经向我行申请××万元的贴现，客户尚未向我行申请增加流动资金授信；我行与公司进一步密切合作，需要新增综合授信××万元。

5. 担保分析

公司目前在我行的××万元贷款，方式为信用。

在与公司进一步的合作中，我支行认为新增，或到期续贷，需有效降低风险，改变目前的信用贷款为担保贷款，具体方式为公司提供保证或抵押，因目前的担保情况不明，到时根据具体情况进行分析。

6. 借款人评级和授信业务评级

授信对象风险评级为×级。

授信业务风险评级为×级。

7. 综合结论及授信安排

××工业是我省实现经济腾飞，有着较好政策支持。公司作为我国××制造业排名前三名企业，经营状况良好，与该公司的合作将对我行业务的发展起到良好的促进作用。

拟对此笔授信做如下安排。

维持现有××万元的综合授信额度，新增授信××万元用于短期流动资金周转，新增授信××万元用于银行承兑汇票贴现。共计综合授信××万元。

为了有效控制风险，对新增的流动资金贷款及原××万元授信需提供有效担保。

具体授信安排如下。

授信种类：综合授信。

授信金额：人民币××万元。

授信期限：×年。

担保方式：保证或抵押。

利率：××（基准利率下浮××）。

针对此笔授信，我支行将注意做好对该公司贷款的贷时调查、审查，及贷后监控管理工作，做好银行汇票的真实性确认、把好贷款的用途及使用关，进一步加强与该公司的业务合作，让贷款效益最大化。

附件：
1. 现金流量总结表调整数据说明
2. 预测指标的说明

主办人（信贷员）：××

机构负责人：××

××银行××分行××支行（公章）

二、保险理赔查勘报告

1. 名词解释

保险理赔查勘报告是保险业务常用文书，属于实地调查报告的一种，是保险公司业务人员通过实地调查并在分析、判断的基础上，将出险原因、经过、损失、赔付依据、方式、内容等具体情况呈报给保险公司业务主管部门的书面材料。

2. 文种特点

（1）合法合规。保险理赔查勘报告的内容必须遵守国家相关法律法规的要求，做到有法可依，依法办事。

（2）现场勘察。保险理赔查勘报告必须建立在对事故现场仔细查勘的基础上，根据保单内容，明确事故责权，查明损失，做好现场证据取证与留存。

（3）实事求是。保险理赔查勘报告要客观准确地记录出险原因、经过、损失和赔付结论等。

3. 文体分类

国际上对保险业务的分类没有固定的原则和统一的标准，各国通常根据各自需要采取不同的划分方法。大多数国家是按业务保障对象分为财产保险、人身保险、责任保险和信用保险四个类别。

财产保险指的是以有形或无形财产及其关联利益为保险标的的保险，如农业保险、财产损失保险、车辆保险等。

人身保险又称寿险，是以人的寿命和身体为保险标的保险，当人们遭受不幸事故或疾病、年老以致丧失工作能力、伤残、死亡或年老退休时，根据保险合同的约定，保险人对被保险人或受益人给付保险金或年金，以解决其因病、残、老、死所造成的经济困难。

责任保险，以被保险人的民事损害赔偿责任为保险标的的险种。凡根据法律被保险人应对其他人的损害所负经济赔偿责任，均由保险人承担。主要有：公众责任保险、雇主责任保险（又称劳工险）、产品责任保险、职业责任保险等。

信用保险，以第三者对被保险人履约责任为标的的险种。主要有：忠诚保证保险、履约保险等。

由此可见，不同保险标的决定了不同险种，那么相对应产生的保险理赔查勘报告的性质也不同。比如针对财产保险，有财产保险理赔查勘报告；针对人身保险，有人身保险理赔查勘报告。

4. 内容要素

通常，保险理赔查勘报告的结构包括：标题、正文、落款。

（1）标题

标题有两种写法：第一种是"事由 + 文种"的形式，就是要反映报告的核心内容和所属险种，如《关于××公司火灾受损案件的理赔查勘报告》。第二种是仅仅简略地写成《查勘报告》。

（2）正文

正文包括三个部分：前言、主体、结论。

①前言：简明扼要地介绍理赔案的基本情况，具体要包括保险人姓名、保单号、保险起止日期、保险金额、保险标的，以及本次出险的时间、地点、起因、

过程、查勘情况等。

②主体：这部分是报告的中心内容，一般包括两大部分，即查勘现场的实际情况和协商理赔的计算结果。具体来说，查勘现场的实际情况遵照出险原因—出险经过—责任分析的思路。协商理赔的计算结果要视责任认定情况来决定。如果不属于保险责任范畴，则这部分就不必写了。如果属于保险责任范畴，那么这里就应该做出损失结算，涉及损失条目较多的情况，还应该列出清单，逐项予以说明，并计算出赔偿总额。

③结论：结论就是言简意赅地给出最终的处理意见。

（3）落款

落款包括署名、单位与成文日期。

5. 写作要求

（1）保险理赔查勘报告的论述依据是保险条款，行文要体现"尊重合同，诚实守信"的原则，做到不错赔、不烂赔、责权分明、合理合法。

（2）保险理赔查勘报告要体现实事求是的原则。理赔人员要依据实际现场情况准确分析，给出赔付意见。

（3）保险理赔查勘报告要体现时效性，理赔人员要积极主动，以最快的速度完成现场勘查与理赔报告的撰写工作，帮助投保人快速理赔。

6. 例文

关于李某汽车因暴雨致损案的理赔查勘报告

××年××月××日××时许，××省××市××区××街道××胡同李某的××牌轿车（车牌号：×××××××）停在自家楼下，因突发暴雨致轿车漂离地面致损，无法驾驶。事发后，李某向我公司提出理赔申请。

该车曾于××年××月××日向我保险公司投保了机动车损失保险（保单号：××××××），保险期限自××年××月××日零时起至××年××月××日××时止，缴纳保险费××元。

车主提出理赔申请后，保险公司及时勘查了现场，并委托××牌轿车4S店进行整车扫测鉴定。扫测鉴定结论为：因暴雨导致发动机进水，发动机损坏，无法启动。

该案中，根据《中国人民财产保险股份有限公司机动车综合商业保险条款》第六条第（四）项约定：因雷击、暴风、暴雨、洪水、龙卷风、冰雹、台风、热带风暴造成的被保险机动车的直接损失，且不属于免除保险人责任的范围，保险人依照本保险合同的约定负责赔偿。因此，保险公司负责赔付全部维修费用××元。这一处理意见实事求是、公平公正、责权明确，既维护了投保人的利益，又充分体现出了保险条款的精神。

××保险公司业务员：××

××保险公司（盖章）

××年××月××日

三、审计报告

1. 名词解释

审计报告又称查账报告，是国家各级审计机关或注册会计师，对被审计单位的经济活动和经营成果的真实性、正确性进行稽核审查后，出具的有关审计意见的报告类文书。

2. 文种特点

（1）审计报告的内容体现公正性。审计报告是对被审计单位的经济活动进行稽核审查，其结论具有法律效应，因而作为证明文件，审计报告一定要具有公正性。

（2）审计报告的作用体现答复性。审计工作一般是由上级机关交办或企业委托的，因而审计工作结束以后，要以书面文书的形式向交办单位或委托单位给予答复，明确给出审计机构或审计人员的具体结论和意见，帮助委托单位掌握实际情况，并采取相应措施。

3. 文体分类

（1）依据审计主体的不同，我们可以把审计报告分为国家审计报告、社会审计报告和内部审计报告三种类型。其中，国家审计报告或社会审计报告又可称为外部审计报告。

国家审计报告，也称为政府审计报告。是国家各级审计机关进行审计工作之后出具的审计报告。

社会审计报告又称独立审计报告，指的是经有关主管部门审核批准成立的审计师事务所或会计师事务所的注册审计师、注册会计师，在执行审计工作之后形成的审计报告。

内部审计报告指的是企事业单位内部的审计机构或专职人员对本单位、本部门或下属单位、部门进行审计后形成的审计报告。

（2）依据审计报告的内容涵盖面又可将审计报告分为综合审计报告和专项审计报告。

综合审计报告，又称全面审计报告，其内容涵盖面非常广泛，包括财经法纪审计、财务审计、经济效益审计等多个方面。通常情况，上市公司年度报告里的审计报告就属于综合审计报告。

专项审计报告，是对被审单位一部分财务情况或个别经济问题，抑或是某项财经法纪执行情况进行审计后，撰写的审计报告。如经济效益审计报告、财经法纪审计报告、财务收支审计报告等。

4. 内容要素

参照《中华人民共和国国家审计准则》第五章第一节规定的审计报告的形式和内容，可知审计报告一般包括五个部分：标题、主送单位、正文、附件和落款。

（1）标题

标题有两种拟定方法。

第一种是简略形式的，只写"审计报告"四个字即可。

第二种是完整形式，即由审计对象、审计事由和文种组成。如果是常规性审计报告，还要表明时限。如"××银行股份有限公司××年审计报告"。

标题下面要写明文号（单位内部审计组的审计报告不含此项）。

（2）主送单位

指的是审计报告的报送单位，一般要写单位全称或通行规范化的简称。格式要求位于标题下，左侧顶格书写，后加冒号。

（3）正文

正文包括导语、主体、结论三个部分。

①导语，又称导言、引语或前言，是审计报告的开头部分。这一部分要概

括说明审计的缘由、目的、依据、时间、地点、审计对象、范围、内容和方式等。这些内容写完以后,要用"现将有关审计结果报告如下"或"现将评估结果报告如下"等过渡句来转入下文。

②主体部分是审计报告的重点,要写明审计内容,查明的具体问题,审计意见或建议。一般审计报告会按照下面的写作顺序展开:审计依据;实施审计的基本情况;被审计单位基本情况;审计评价意见;以往审计决定执行情况和审计建议采纳情况;审计发现的移送处理事项的事实和移送处理意见;针对审计发现的问题,根据需要提出的改进建议。有的审计报告可能并不涉及这么多项内容,但下面这三个方面是必不可少的,具体是指:

第一,审计内容,是对审查范围内所涉及的情况进行简要说明与评价,通常包括被审单位的性质、财务状况是否真实、财务活动是否合法合规等。这一部分涉及的内容比较多,因而撰写上要求合理归类、层次清晰。

第二,查明的具体问题,是指审计过程中发现存在的问题,是审计报告里最重要的部分。这部分要详细说明核查了哪些方面的问题,问题的性质是什么,造成了哪些影响,损失是什么,有没有严重后果等。由于这部分内容至关重要,所以一定要实事求是,客观公正,审慎对待,做到准确无误地依据法律、法规,证据确凿,材料翔实,结论公正。

第三,审计意见或建议,是指针对查明问题提出的整改和管控的处理意见或建议。如果审查出的问题严重违反国家财经纪律,触犯相关法律、法规,应建议有关行政管理部门介入调查、处理,或建议司法机关介入审议。

③结论:结论是对审计事项和查明的事实做概要性总结,主要是对有关问题做出定性与评价。不论结论是肯定性的还是否定性的,都要做到有理有据,客观中肯。

④附件:附件是作为审计报告的补充与佐证,是审计报告做出结论的重要依据。一般包括审计过程记录,各种佐证文件、材料、表格、数据等的原件或复印件,相关问题涉及人员的反馈意见。

⑤落款:审计人员和审计单位签名盖章,以及成文日期,即审计组向审计机关提交报告的日期。

这里还需补充说明的是,目前外部审计报告基本都是制式文件,国家审计报告与独立审计报告的写作模板存在一定差异,这主要是因为国家审计报告依据《审计机关审计项目质量控制办法（试行）》第五十八条规定，社会审计报告依据中国注册会计师协会发布的《独立审计具体准则第七号——审计报告》第七条的规定，各审计单位可以根据文件规定，制作出固定格式的审计报告模板，因而实际工作情况是审计人员依据每次审计事项不同，将相应内容填入模板即可。

5. 写作要求

（1）目的明确。审计报告是针对明确的审计事项撰写的书面材料，所以主题一定要围绕该审计目标展开。

（2）内容全面。审计工作涉及的各方面事项内容都要在审计报告中体现出来。

（3）实事求是。审计报告要尊重事实，公正客观地报告相关问题，做到有理有据。

（4）结论公正。由于审计报告的结论具有法律效应，所以不论是肯定性的，还是否定性的结论，都要力争做到不夸大、不缩小，公正准确，对于证据不足或查证不清的事项，可以说明情况，姑且搁置。

6. 例文

（1）社会审计报告

审计报告

××审字【20××年】000×号

××有限公司：

我们从20××年××月××日至20××年××月××日审核了贵公司的的财务报表，包括20××年××月××日和20××年××月××日的资产负债表，20××年度和20××年度的利润表、现金流量表和所有者权益变动表以及财务报表。我方独立于贵公司，责任是在执行审计工作的基础上对财务报表发表审计意见。按照中国注册会计师审计准则的相关规定，以及中国注册会计师审计准则的要求，我们遵守中国注册会计师职业道德准则，相信所获取的审计证据充分。目前审计工作已经结束，现将有关审计情况报告如下。

一、公司基本情况与经营情况（略）

二、发现的问题与存在的风险提示

1. 会计核算方面，损益结算处理不规范。

2. 财务管理方面，个别财会人员业务水平不足，处理业务流程不够规范。

三、审计建议

1. 尽快查明损益结算与银行账务不符的原因，安排专人处理。

2. 公司各部门完善相关规章制度。

3. 财会人员要继续加强法律法规和具体业务知识的培训学习。

四、审计结论

我们认为财会业务专业性强，需要定期组织相关人员接受培训。对于财务明细与银行账务不符情况，请相关领导充分重视未来公司内部的管理制度建设。

附件：1. 银行账务明细；

2. 公司损益结算明细

中国注册会计师：××

×× 会计师事务所（盖章）

×× 年 ×× 月 ×× 日

（2）内部审计报告

×× 银行 ×× 分行违规问责执行情况审计报告

审计对象：境内外各分行

审计期间：20×× 年 ×× 月 ×× 日至 20×× 年 ×× 月 ×× 日

审计时间：20×× 年 ×× 月 ×× 日至 ×× 月 ×× 日

报告时间：20×× 年 ×× 月 ×× 日

审计组长：××

主审：××

成员：××、××

本报告是由××审计人员依据国家有关金融法规和××银行规章制度对审计对象实施审计后形成的工作报告。审计人员只对所审计的事项发表审计意见，对审计过程中未涉及或超越审计范围的事项，不发表审计意见。审计对象应对所提供资料的真实性、完整性负全部责任。

根据××年度审计项目计划安排，总行审计部于20××年××月××日至××月××日对分行违规问责执行情况进行了审计调查。本次审计调查采取现场与非现场调查相结合的方式开展，其中对A、B、C、D、E、F六家分行进行了现场调查，对其他分行主要以问卷调查、电话访谈、调阅资料、数据分析、随访等方式开展。现将有关情况报告如下。

一、基本情况

近年来，随着总行不断加大从严治行的深度与力度，各分行日益提高了对问责工作的重视程度。通过本轮审计，我们确认各分行在逐步完善多层级问责体系，问责工作机制得到持续优化，问责制度的执行力度确有明显改观与加强，尽职尽责与问责相结合的企业文化日渐成熟。

经统计，20××年××月至20××年××月期间，各分行累计问责××人，其中开除、辞退××人，撤职××人，降职××人，记大过处分××人，记过处分××人，警告处分××人，经济处理金额合计××亿元。总体上看，审计期间各分行的违规问责工作推进得比较有序，具体表现为以下几个方面（略）。

二、审计发现的主要问题（略）

三、审计建议（略）

××银行（公章）
二×××年××月××日

（3）国家审计报告

封面

中华人民共和国××审计局
审计报告

项目名称：_____
项目执行单位：_____
会计期间：_____

××有限责任公司：

我们的责任是在认真执行审计工作的基础上对财务报表发表审计意见。我们按照中国注册会计师审计准则的相关规定执行了审计工作，同时按照中国注册会计师审计准则中关于中国注册会计师职业道德守则，计划并执行了审计工作，并出具相关审计报告。

关于审计程序的设计与实施，审计程序的选择情况主要取决于注册会计师的判断。在进行风险评估时，注册会计师会充分考虑与财务报表编制和相关的内部控制，来设计恰当的审计程序。审计工作的主要内容包括对由于舞弊或错误导致的财务报表重大错报风险的识别与评估，获取有关财务报表金额和披露的审计证据。审计工作还包括评价管理层选用会计政策的恰当性和作出会计估计的合理性，以及评价财务报表的总体列报、结构和内容（包括披露）。

我们审计了××公司截至20××年××月××日的资金平衡表及项目进度表、贷款协定执行情况和专用账户报表等特定目的财务报表及财务报表附注。我方独立于××公司，在充分获取审计证据的基础上，发表如下审计意见。

一、审计意见

（一）项目执行单位及××财政局对财务报表的责任

编制财务报表中的资金平衡表、项目进度表、贷款协定执行情况表是贵公司的责任，编制专用账户报表是××财政局的责任，这种责任包括如下内容。

1. 按照企业会计准则的规定编制财务报表，并使其实现公正、正确的反映。

2. 设计、执行并维护必要的内部控制，以使财务报表不存在由于舞弊或错误而导致的重大错报、漏报以及误报情况的发生。

（二）审计责任（内容略）

（三）其他事项（内容略）

二、财务报表及财务报表附注

项目名称：

编报单位：

本期截止：

（一）资金平衡表：（表略）

（二）项目进度表：（表略）

（三）贷款执行情况表（表略）

（四）专用账户报表：

项目名称：（略）　　　　　　　开户银行名称：（略）

贷款号：（略）　　　　　　　　账号：（略）

编报单位：（略）　　　　　　　币种：（略）

（五）财务报表附注：（表略）

三、审计发现问题及整改情况

除对财务报表审计并发表审计意见外，审计中我们还关注了项目执行过程中相关单位对于国家法规以及项目贷款协定的遵守情况、内部控制和项目管理等情况，经查发现××公司在项目管理中存在如下问题（内容略）。

中华人民共和国××审计局（公章）

××××年××月××日

地址：（略）

邮编：（略）

电话：（略）

传真：（略）

第二节　契约文书

一、业务洽谈纪要

1. 名词解释

业务洽谈纪要是将商务洽谈的主要议题、议程、所涉及的敏感问题、双方分歧以及最终达成的意向、结论等，进行归纳总结，并得到双方签字确认后形成的书面文件。业务洽谈纪要对会晤双方都有约束力，起到备忘录的作用，但通常不具备法律效力。

2. 文种特点

（1）纪实性

业务洽谈纪要类似于行政公文中的会议纪要，是如实记录会谈所涉及问题与洽谈结果的文书。

（2）协商性

业务洽谈纪要本着协商共赢的根本出发点，着重确定双方建立合作关系的契机与大方向，作用是指导双方下一步合作，所以该文种的写作出发点要建立在求同存异、互利互惠的原则基础上。

（3）约束性。虽然业务洽谈纪要不具备法律效力，但是具有道德约束力，它是商业备忘录，主要强调的是商业信誉。

3. 文体分类

一般按照洽谈业务的类型，业务洽谈纪要可以分为综合性业务洽谈纪要和单项性业务洽谈纪要。

按照业务发生区域范围，业务洽谈纪要可分为国内业务洽谈纪要和涉外业务洽谈纪要。

4. 内容要素

业务洽谈纪要并没有严格的统一格式，通常情况下由三个部分组成：标题、正文和落款。

（1）标题

①简写式，只写"业务洽谈纪要"。

②事由+文种，即"关于……的业务洽谈纪要"。

③三个部分组成式，即单位名称+事由+文种，如"××银行与××集团关于建立全面战略合作关系的洽谈纪要"

（2）正文

正文部分通常包括前言、主体和结语三个部分。

①前言，又称为引语或引言。通常要介绍业务洽谈双方的单位名称、洽谈地点、时间、代表姓名、商议事项和目的等等，然后要用"现将洽谈内容纪要如下"，后加冒号，以此作为过渡句，转入下文。

②主体，要依据主要议题如实记录双方意见、承诺与分歧。业务洽谈纪要使用"双方认为""双方一致同意""双方商定"等习惯语，突显业务洽谈的和谐氛围，昭示双方未来合作的契机。

③结语，通常包括本次洽谈的文件留存方式、本次洽谈未尽事宜、下一次洽谈的时间、地点等情况。

（3）落款

通常包括双方洽谈代表姓名、双方单位名称并盖章，洽谈时间。

5. 写作要求

（1）真实准确

业务洽谈纪要一定要按照会谈实际情况记录，不得随意更改洽谈内容，语气是陈述性的，表述要客观。

（2）突出重点

有关双方达成的共识或有分歧的项目，都是该文种重点记述的内容，要翔实清晰地记录下来。

6. 例文

××公司与××银行关于贷款问题的业务洽谈纪要

会议时间：20××年××月××日
会议地点：××市××银行××支行
出席：××有限公司、××银行××支行
议题：××公司与××银行协商贷款事宜
会议议程：

一、××公司贷款资格情况

××公司就自身组织架构、基本运营情况、项目建设情况、注册资金及管理情况、未来发展目标等方面进行了汇报。该公司被××银行分行信用等级评定为A级。银行认为××公司作为贷款主体，经营活动正常，拥有健康现金流，其贷款资质合法合规，资本管理和风险管理能力较强，公司财务状况总体良好，未来发展前景较好。

二、××公司资金使用情况

资金使用采取了报账制，即根据借款合同约定的金额和贷款支付方式，分批次向原材料供应商、建设实施单位或施工单位支付贷款资金。从各行贷款情况来看，资金均使用在各自的项目中，使用程序规范，没有挪用、滥用等现象。

三、××公司贷款担保情况

20××年××月××日从××银行××市分行贷款××万元，期限是××年。该笔贷款以位于××县××区综合用地××平方米，评估价值×××××万元作抵押，我行贷款抵押率为××%；并由××省××市财政作担保进行融资。目前该宗土地平均增值××万元/亩，增值××万元，我行贷款抵押率降低××个百分点，贷款风险大幅度降低。以上贷款担保抵押均按照担保法有关规定严格办理，无重复抵押，抵押手续合法有效。

四、贷后管理情况

××公司应该严格按照相关监管规定，做到管好、用好该笔贷款，确保形成良好的现金流管理，确保银行的信贷资产安全，切实维护公司自身健康稳定的发展。这里我行特别强调××公司要重点确保每笔贷款落实到相应的项目使用上，明确贷款合同中贷款用途，防止贷款资金挪作他用。贷款担保抵押要根据有关法律严格执行，保证担保实力充足，避免重复抵押，抵押手续要合法有效。

根据监管部门资产保全和分类管理要求，××公司要积极配合××银行完善相应的风险管理措施，提供金融风险防范意识和能力。

会议议定：

经过讨论，会议通过××公司申请××万元贷款的相关事项，××银行同意发放××万元贷款。根据银行监管要求，双方决定严格履行合作协议，形成长期友好合作关系。××银行将继续加强金融服务，提升服务水平和管理能力，带动自身资产业务等工作提速发展，形成良好业界口碑。××公司将以此次贷款为契机，不断加强项目管理，完善公司资金管理制度，全面提升市场竞争力。今后在业务合规、风险可控的前提下，××银行将与××公司继续在相关业务领域开展进一步合作。

各代表签字：A××、B××、C××、D××

××有限责任公司（盖章）　　　　××银行××市××支行（盖章）

二〇××年××月××日

二、意向书

1. 名词解释

意向书是当事各方（可以是双方，也可以是多方）根据合作事宜表达合作意愿的书面文书。虽然意向书不具备强制性的法律效力，但它体现了商业信誉，并且往往是下一步签订合同的前提性基础文书。

2. 文种特点

（1）协商性

意向书是当事各方基于共同利益，经洽谈协商之后达成的未来工作意见或设想，是各方商谈的阶段性结果。

（2）临时性

意向书只是谈判的初步成果，没有强制性，允许后续补充和修改。

（3）灵活性

协商各方均可以将各自意见以及发展目标写入意向书，也可以就某一项目提出若干设想，总之，意向书的内容不固定，非常灵活。

3. 文体分类

按照签署方式不同，意向书可以分为单签式意向书、联签式意向书和换文式意向书。单签式意向书由文书的出具方签署，合作方在文件副本上签字；联签式意向书是最常见的一种意向书，即当事各方联合签署，各执一份；换文式意向书是当事双方各自签字后，然后互换文本。

4. 内容要素

意向书的结构通常由标题、正文和落款三个部分组成。

（1）标题

①简写式，只用"意向书"三个字当题目。

②事由＋文种，即"关于……的意向书"，如"××项目合作意向书"。

③三个部分组成式，即单位名称＋事由＋文种，如"××公司与××保险公司关于联合开发××产品的意向书"。

（2）正文

正文部分通常包括前言、主体和结语三个部分。

①前言，又称导语或引语，主要是要写明签订意向书的时间、地点，洽谈各方单位名称、参会人员，签订该意向的缘由、依据，并简要概括洽谈事项以及达成的大致意向性意见。然后要用"经协商达成如下意向"或"兹签订如下意向"，后加冒号转入下文。

②主体，通常主体部分要分条列项式地写出各方达成的意向，以条款化的方式呈现协商各方的基本责任权利等情况诉求。

③结语，这部分比较灵活，有时可以省略，有时可以就此次协商的未尽事宜做出补充说明。

（3）落款

落款通常包括代表姓名、各方单位名称并盖章，意向书签订的完整时间。

5. 写作要求

（1）实事求是，如实记录各方的真实意愿。

（2）语言准确，表述清晰。意向书虽然不具有法律约束力，但是体现着企业的商业信誉，因而意向书的措辞用语都要严谨，必须准确表达各方诉求，不能产生歧义。

6. 例文

（1）银行贷款意向书

贷款意向书

根据××公司申请，我行与××公司业务人员于20××年××月××日在××（地点）进行了洽谈。经初步研究，我行意向为贵公司××项目提供贷款支持。双方经协商达成如下意向。

一、待该项目经国家有关部门批准同意后，我行将按照《商业银行法》《贷款通则》等的相关规定和我行内部有关贷款、评估办法，对项目进行调查评估，并根据调查、评估结果及项目建设条件落实情况，最终决定是否贷款，以及贷款的利率情况。具体细则如下：

1. 如果公司财务评级和信用评级达到A-至A+，我行将给予贷款利率下调20%的优惠。

2. 如果公司财务评级和信用评级达到B-至B+，我行将按现行正常利率给予贷款。

3. 如果公司财务评级和信用评级达到C-至C+，我行将上调贷款利率10%。

4. 如果公司财务评级和信用评级在D以下，我行将不会对该贷款项目授信。

二、××公司按照我行《抵押贷款条例》的相关要求，于贷款资金到账前一个月办理完成质押手续。

本意向书至××××年××月××日前有效，到期自动失效。

业务代表签字：×××　×××

××银行（盖章）　　××公司（盖章）

××××年××月××日

（2）金融投资意向书

投资意向书

甲方：

法人代表：

联系电话：

公司地址：

乙方：

法人代表：

联系电话：

公司地址：

参会人员：

甲乙双方本着自愿、平等、公平、诚实的原则，初步达成建立战略合作关系意愿，现经协商，现就××项目合作事宜达成如下意向。

一、乙方同意对项目进行投资，预计总投资额为：￥_____元（大写人民币：_____）；

二、乙方为表明投资意向，自愿向甲方缴纳诚意金，即￥_____元（大写人民币：_____）；

三、甲方应在本意向书生效后完成合作前期的筹备工作，并于筹备工作完成后以书面通知乙方签订正式合作协议，乙方应在收到甲方的通知后_____ _____工作日内与甲方签订正式合作协议；

四、乙方应在正式合作协议生效后_____工作日内足额缴纳投资额，此时乙方支付的诚意金将自动转为投资款；

五、若乙方已支付诚意金后，并在甲方书面通知签订合作协议前放弃本次投资，甲方有权是否同意退还乙方前期支付的诚意金；

六、甲、乙双方以项目前期过程中所产生的有关费用，由甲方垫付，后期产生的相关业务费用由双方共同承担；

七、本意向书未尽事宜，双方可进行协商，并另行签订补充协议；

八、在履行意向书过程中如果双方产生争议事项，应协商解决。

本意向书一式两份,甲乙双方各执一份,经甲乙双方签字并盖章后生效。本意向书至20××年××月××日前有效,到期自动失效。

  甲方: 乙方:

  时间: 时间:

  盖章: 盖章:

三、招标书

1. 名词解释

招标是当事一方通过对外正式公布交易项目、交易条件、要求以及相关材料,邀请有意愿合作的单位或个人,通过公平竞争、择优录用的原则,选定理想的合作伙伴的商务活动。招标必须依照《中华人民共和国招标投标法》的相关规定合法进行。

招标书,是招标人招请有意愿合作的单位或个人进行投标的书面文件,在招标过程中起到介绍项目情况、指导后续工作、体现法律监督的作用,是中标后双方签订合同的重要依据。招标书主要通过国内外各大媒体发布。

2. 文种特点

(1) 透明性

招标书旨在引入竞争机制,寻求最佳、最优的合作伙伴,所以必须做到信息公开发布,评选流程透明。

(2) 规范性

招标书的基本内容要严格按照《中华人民共和国招标投标法》的规定,涉及到的技术规范、质量标准、程序细则等都必须合法合规。

(3) 竞争性

招标书体现公平竞争、优胜劣汰的原则,所以要充分激发投标人的积极性。

(4) 具体性

招标书的条款表述必须清晰明确,忌讳遣词用句模棱两可,切忌不能让投标人产生歧义。

3. 文体分类

按照招标范围不同,招标书可以分为:国际招标书、国内招标书、单位内部的项目招标书。

按照招标方式不同,招标书可以分为:公开招标书、邀请招标书、指定招标书。公开招标书时指通过媒体公开刊登招标广告;邀请招标书是指由招标人向有能力承担项目任务的若干单位发出招标邀请;指定招标书是招标人或相关主管单位对所辖企业发出指令性招标要求。

4. 内容要素

根据2000年1月1日起施行的《中华人民共和国招投标法》的文件要求,结合实际工作情况,总结出招标书的结构通常是由标题、正文和结尾三个部分组成。

(1)标题

①简写式,只用"招标书"三个字当题目。

②项目名称+文种,即"××招标书",如"承包工程招标书"。

③三个部分组成式,即单位名称+项目名称+文种,如"××证券公司网络升级工程招标书"。

(2)正文

正文部分通常包括前言、主体两个部分。

①前言,也称引言或引语。简述招标背景、缘由、依据、招标项目名称、招标单位基本情况以及所要达到的目的。

②主体,通常主体部分要分条列项式地写出招标书的关键内容,具体来讲,主要有招标范围、招标方式、招标时限、招标地点、保证条件、招标的权利与责任、合作原则和注意事项以及相关必要说明等。

(3)结尾

一般要写明招标单位的名称、地址、联系电话、联系人、邮政编码和成文日期。

5. 写作要求

(1)内容合法合规。要严格按照《中华人民共和国招标投标法》的要求撰写招标书。

(2)招标要求具体明确,项目规格、标准必须准确无误。

(3)语言简洁、准确。

6. 例文

```
封面




    ××银行股份有限公司××分行保险机构入围项目招标书
         招标编号：××××××××××××



                招标人：××银行股份有限公司××分行

                       ××××年××月

```

```
                              目 录




   第一章 招标公告
   第二章 投标人须知
   第三章 评标办法（综合评分法）
   第四章 合同条款及格式
   第五章 招标人要求
   第六章 投标文件格式
```

第一章　招标公告

1. 招标条件

本招标项目××银行股份有限公司××分行保险机构入围项目，招标人为××银行股份有限公司××分行，招标项目资金来源自筹，出资比例为

100%，项目已具备招标条件，现对该项目采用资格后审方式进行公开招标。

2. 项目概况与招标范围

2.1 项目名称：××银行股份有限公司××分行保险机构入围项目。

2.2 服务地点：由甲方指定场所。

2.3 服务内容：信贷业务押品财产保险服务。

2.4 服务期限：×年。

2.5 服务标准：优质完善的服务。

2.6 入围家数：×家。

3. 投标人资格要求

3.1 投标人具备有效的营业执照，在中华人民共和国境内依法登记注册，经中国银行保险监督管理委员会批准成立，具有经营保险业务许可证，必须是具有财产保险承保资格的商业保险公司的省级或者下属分支机构（只能委托一个分支机构投标）；具备固定营业场所；具有履行合同所必需的设备和专业技术能力。

3.2 财务要求（略）。

3.3 业绩要求（略）。

3.4 信誉要求（略）。

3.5 投资风险评级（略）

3.6 本次招标不接受联合体投标。

3.7 投标单位仅能授权1人办理投标相关事宜，且整个招标过程中不得随意更换被授权人。

4. 招标文件的获取

4.1 本项目采取网上获取招标文件方式。凡有意参加投标者，请于20××年××月××日至20××年××月××日，每日上午8时至11时，下午13时至16时（北京时间，下同），将以下材料按顺序加盖公章扫描成PDF格式文件报送至招标代理机构邮箱（abcdefg@qq.com，发送材料要清晰可辨，且注明授权委托人姓名、联系电话）。另外，请同时拨打招标代理机构电话：130××××××××进行电话确认。需提交资料清单如下：（略）。

4.2 如果投标人提供的材料不完整，招标代理机构在确认收到材料后的24小时内会电话告知投标人进行补充、修改，投标人必须在双方协商的截止时间前完成补充、修改等内容，逾期视为放弃，本公司不再受理相关投标事宜。

4.3 招标文件售价××元，售后概不退还。

5. 投标文件的递交

5.1 投标文件递交的截止时间为20××年××月××日××时××分，递交地点为××市××区××路××楼××会议室。

5.2 逾期送达的或未送达到指定地点的投标文件，招标人一律不予受理。

6. 发布公告的媒介

本次招标公告同时在中国招标投标公共服务平台、中国采购与招标网上发布。

7. 联系方式

招标人：××银行股份有限公司××分行

地址：××市××路××号楼

联系人：×××　　联系电话：×××××××××

第二章　投标人须知

1. 总则

1.1 招标项目概况（略）。

1.2 招标项目资金来源及落实情况（略）。

1.3 服务内容、服务期限、服务地点和服务标准（略）。

1.4 投标人资格要求（略）。

1.5 费用承担。

投标人准备和参加投标活动所发生的全部费用自理。

1.6 保密。

参与招标投标活动的各方应对招标文件和投标文件中的商业和技术等秘密保密，否则将会承担相应的法律及赔偿损失责任。

1.7 语言文字

招标投标文件使用的语言文字为中文简体字。专用术语确需使用外文的，应对应附有中文注释。

1.8 计量单位

所有计量均需使用中华人民共和国法定计量单位。

1.9 投标预备会（略）

1.10 分包

不允许。

1.11 偏差

不允许。

2. 招标文件

2.1 招标文件的组成

本招标文件包括：（1）招标公告；（2）投标人须知；（3）评标办法；（4）合同条款及格式；（5）招标人要求；（6）投标文件格式；（7）投标人须知前附表规定的其他资料。

2.2 招标文件的澄清（略）

2.3 招标文件的修改（略）

2.4 招标文件的异议

投标人或者其他利害关联方对招标文件如有异议的，应当在投标截止前的 10 日内以书面形式提出说明。招标人将在收到异议之日起 3 个工作日内给予答复；在给出答复之前，将暂停招标投标活动。

3. 投标文件

3.1 投标文件的组成

3.1 投标文件应包括下列内容

（1）投标函及开标一览表。

（2）法定代表人（单位负责人）身份证明或授权委托书。

（3）联合体协议书（本项目不适用）。

（4）投标保证金。

（5）投标报价说明。

（6）资格审查资料。

（7）技术服务方案。

（8）投标人须知前附表规定的其他资料。

投标人在评标过程中做出的符合法律法规和招标文件规定的澄清确认，构成投标文件的组成部分。

3.2 投标报价（略）

3.3 投标有效期（略）

3.4 投标保证金（略）

3.5 资格审查资料（适用于未进行资格预审的）（具体内容略）

3.6 备选投标方案（略）

3.7 投标文件的编制（略）

4. 投标

4.1 投标文件的密封和标记（略）

4.2 投标文件的递交（略）

4.3 投标文件的修改与撤回（略）

5. 开标

5.1 开标时间和地点（略）

5.2 开标程序（略）

5.3 开标异议处理办法（略）

6. 评标（略）

7. 合同授予

7.1 入围单位公示（略）

7.2 评标结果异议（略）

7.3 入围单位履约能力审核（略）

7.4 定标（略）

7.5 中标通知（略）

7.6 履约保证金（略）

7.7 签订合同（略）

8. 纪律和监督

8.1 对招标人的纪律要求（略）

8.2 对投标人的纪律要求（略）

8.3 对评标委员会成员的纪律要求（略）

8.4 对与评标活动有关的工作人员的纪律要求（略）

8.5 投诉

第三章　评标办法（综合评分优选法）

1. 评标方法（略）

2. 评审标准（略）

3. 评标程序（略）

第四章　合同条款及格式（略）

第五章　招标人要求

招投标双方保证在谈判、签订、合同执行过程中，获悉的有关对方的内部信息及资料予以保密。未经该资料或文件的原提供方同意，另一方不得向任何第三方泄露该商业秘密的内容（但法律法规另有规定或双方另有约定的情况除外）。入围单位在入围本项目后需与招标人签订保密协议。

第六章　投标文件格式

附件一：开标记录表（略）

附件二：问题澄清通知（略）

附件三：问题的澄清（略）

附件四：中标通知书（略）

附件五：中标结果通知书（略）

附件六：确认通知（略）

四、投标书

1. 名词解释

投标书是根据招标书的条件和要求，提出自己的具体实施方案、报价以及信誉承诺，一言以蔽之，投标书就是回答招标活动的文书。

投标是激烈竞争的商业活动，招标人会比较各投标方的信誉、实力、技术、报价、管理能力等方面的综合情况，最终择优选择合作方。虽然决定投标能否成功的因素有很多，但是投标书撰写得是否规范、清晰，也往往会直接影响投标的结果。

一般情况，招标程序分为两步。第一步，有投标意向的申请方要向招标方出示有关证件以及证明材料，填写报名登记表，并递交投标申请书。第二步，申请书经招标方审验合格之后，投标方才有资格撰写投标书。投标方要将写好的投标书密封递送给招标方，并接受由投标方统一安排的答辩会。

2. 文种特点

（1）鲜明的针对性

投标书是针对招标书提出的各项要求做出的相应的回答，所以必须对应招标书的具体要求来撰写。

（2）切实可行性

投标书提出的实施方案必须具备可行性，根据自身实力提出的务实性方案是双方合作的基础。

（3）体现竞争实力

投标书内容要尽量体现出投标方所具备的优长，突出自己的竞争力，这是决定竞标成功的关键。

3. 文体分类

投标书按照投标方的身份不同，可以分为个人投标书、集体投标书、企业投标书等。

4. 内容要素

根据2000年1月1日起施行的《中华人民共和国招投标法》的文件要求，结合实际工作情况，总结出投标书的结构通常是由标题、受文单位、正文和落款四个部分组成。

（1）标题

①简写式，只用"投标书"三个字当题目。

②项目名称＋文种，即"××投标书"，如"承包工程投标书"。

③三个部分组成式，即单位名称＋项目名称＋文种，如"××公司承包××银行网络升级工程投标书"。

（2）受文单位

受文单位也叫文件抬头，即招标单位或评标单位的全称。

（3）正文

正文部分通常包括前言、主体两个部分。

①前言，也称引言、引语或导语。这里要简述投标项目名称，介绍投标单位基本情况以及投标依据和目的等。

②主体，通常主体部分要分条列项式地写出投标书的关键内容，由于标的情况千差万别，所以具体的投标内容条款也不相同。大体上，投标书都要写到的内容有：现状分析、投标方案、投标优势和投标期限以及具体的资金、技术、管理等方面的能力等等。

（4）落款

落款通常包括投标单位的名称、法人代表名称、单位地址、联系电话、联系人、邮政编码和成文日期。

5. 写作要求

（1）内容合法

投标书必须按照《中华人民共和国招标投标法》要求撰写。

（2）逻辑清晰

投标书各条款要依照招标书要求一一作答，所以逻辑一定要清楚，让人一目了然。

（3）实事求是

投标人要从实际情况出发撰写投标书，不浮夸，量力而行，不能为了中标而不择手段。

6. 例文

封面

××银行股份有限公司××分行
保险机构入围项目
投 标 文 件

招标编号：××-××-×××-××××

投标人：××财产保险股份有限公司××省分公司（加盖单位章）

单位负责人(或其委托代理人)：_____（签字）

20××年 ×× 月××日

目 录

一、投标函 ……………………………………………………………… ××

二、单位负责人身份证明 ………………………………………………… ××

三、授权委托书 …………………………………………………………… ××

四、企业信誉承诺书 ……………………………………………………… ××

五、投标保证金 …………………………………………………………… ××

六、投标报价组成 ………………………………………………………… ××

七、偏离表 ………………………………………………………………… ××

 （一）技术规范偏离表 ………………………………………………… ××

 （二）商务条款偏离表 ………………………………………………… ××

八、服务方案 ……………………………………………………………… ××

 （一）项目组织机构和岗位职责 ……………………………………… ××

 （二）质量管理与保证体系措施 ……………………………………… ××

 （三）业务程序与操作 ………………………………………………… ××

九、资格审查资料 ………………………………………………………… ××

 （一）营业执照 ………………………………………………………… ××

 （二）经营保险业务许可证 …………………………………………… ××

 （三）财务审计报告 …………………………………………………… ××

 （四）类似业绩统计表 ………………………………………………… ××

 （五）信誉良好承诺书 ………………………………………………… ××

十、其他材料 ……………………………………………………………… ××

结束语 ……………………………………………………………………… ××

××银行股份有限公司××分行（招标人）：

一、投标函

1. 我公司已经仔细研究了××银行股份有限公司××分行保险机构入围（项目名称）项目招标文件的全部内容，愿意以基本险费率万分之××，财产综合险费率万分之××，服务期限××年，按合同约定完成项目内容，服务质量保证达到符合招标人要求。

2. 我公司承诺在投标有效期内不修改、撤销投标文件。

3. 随同本投标函提交投标保证金，金额为人民币（大写）××仟元。

4. 如我公司有幸中标：

(1) 我公司承诺在收到中标通知书后，一定在中标通知书规定的期限内与你行签订合同。

(2) 随同本投标书一齐递交的投标函"附录"属于合同文件的内容组成部分。

(3) 我公司承诺在合同约定的期限内完成相关工作，履行相关义务。

5. 我公司在此郑重声明，所递交的投标文件及所有相关资料内容完整、真实、准确无误，保证不存在任何不符合第二章"投标人须知"规定中的投标被否决情况。

投标人：××保险公司（盖单位章）
单位负责人或其委托代理人：（签字）
地址：××省××市××区××街××楼
网址：（略）
电话：（略）
传真：（略）
邮政编码：（略）
20××年××月××日

二、单位负责人身份证明

投标人名称：××保险公司

单位性质：股份有限公司分公司（上市、国有控股）

单位地址：××省××市××区××街××楼

成立时间：20×× 年 ×× 月 ×× 日

经营期限： 长期有效

姓名： ××× 性别： 女 年龄： ××× 职务： 总经理

系××保险公司（投标人名称）的单位负责人。

特此证明。

附：单位负责人身份证复印件（略）

投标人：××保险公司（盖单位章）
20×× 年 ×× 月 ×× 日

三、授权委托书

本人×××系××保险公司（投标人名称）的单位负责人，现委托×××为我公司全权代理人。该代理人依据我公司授权，可以以我公司名义签署、澄清、说明、补正、递交、撤回、修改××银行××分行保险机构入围（项目名称）项目投标文件、签订合同并协助贵公司处理有关事宜，其法律后果由我公司负责承担。

委托期限： 自开标之日起×× 天

代理人无转委托权。

附：授权委托人身份证复印件（略）

投标人：××保险公司（盖单位章）
单位负责人：（签字）
身份证号码：（略）
委托代理人：（签字）
身份证号码：（略）
20×× 年 ×× 月 ×× 日

四、企业信誉承诺书

××银行××分行保险机构入围（项目名称）

本公司已经详细阅读上述招标文件，现自愿郑重做出如下承诺：

（一）遵守公开、公平、公正与诚信原则参加本次投标活动；

（二）所提供的一切材料都是真实、有效、合法、合规的；

（三）本公司具有良好的商业信誉和健全的财务会计管理制度；

（四）本公司具有履行合同所必需的设备和专业技术能力；

（五）本公司有依法缴纳税收和社会保障资金的良好记录；

（六）在参加本次采购活动的前三年时间里，本公司在经营活动中没有重大违法记录。

如果本公司中标，但是上述承诺事项存有虚假捏造情况，本公司自愿主动放弃中标资格；并将依法承担相应责任，主动赔偿给招标人造成的损失。

投标人：××保险公司（盖公章）

单位负责人或其委托代理人：（签字或盖章）

20××年××月××日

五、投标保证金

××银行××分行（招标人）：

××保险公司（投标人名称）于20××年××月××日递交了××银行××分行保险机构入围的投标文件，并附人民币××万元，作为投标保证金。（后附银行开户许可证、投标保证金转款凭证复印件加盖我公司公章）

我公司同意招标文件第二章"投标须知"第13条有关投标保证金的规定，并承认其对我公司具备约束力。

投标人：××保险公司（盖章）

单位负责人或其委托代理人：（签字或盖章）

20××年××月××日

六、投标报价组成

投标单位名称	投标险种	费率报价
××保险公司	财产基本险	万分之××
××保险公司	财产综合险	万分之××

投标人：××保险公司（盖章）

单位负责人或其委托代理人：（签字或盖章）

20××年××月××日

七、偏离表

（一）技术规范偏离表（略）

（二）商务条款偏离表（略）

投标单位：（盖公章）××保险公司

单位负责人或其授权代理人：（签字）

20××年××月××日

八、服务方案

（一）项目组织机构和岗位职责

为了提升对该项目的服务，我公司专门成立了"××银行××分行保险机构入围"专项服务工作组，服务工作组将跟踪整个项目工作的全过程，我公司保证服务工作组成员长期保持人事稳定，能够为该项目顺利进行提供及时、优质的保险服务，并且做好查勘、定损理赔、业务咨询、售后服务、保险知识培训以及联系沟通等各项服务工作，力保服务工作无脱节现象，保证为本项目提供全程一条龙式的周到服务。

（二）质量管理与保证体系措施（略）

（三）业务程序与操作（略）

投标人：××保险公司（盖章）

单位负责人或其委托代理人：（签字或盖章）

20××年××月××日

九、资格审查资料

（一）营业执照（略）

（二）经营保险业务许可证（略）

（三）财务审计报告（略）

（四）类似业绩统计表（略）

（五）信誉良好承诺书

致××银行××分行：

  我公司有幸参加贵行××分行保险机构入围项目的投标，现向贵方做出严肃郑重承诺：

  我公司在近三年的经营活动中没有行贿犯罪等重大违法记录；没有被列入政府采购严重违法失信行为记录名单；近三年（20××年、20××年、20××年）的经营活动中没有违法记录，没有重大合同违约、泄露商业秘密或技术秘密等事件发生；无涉诉信息；在××银保监局的监管动态中没有相关违法违规的不良记录信息。

投标人：××保险公司（盖章）

单位负责人或其委托代理人：（签字或盖章）

日期：20××年××月××日

十、其他材料（略）

结　语

  我公司非常荣幸参与到"××银行××分行保险机构入围"项目投标工作中，我们本着诚信原则，在履行对贵公司的保险服务承诺中，以最大利益化让利于被保险人；以最优质服务贯穿于保险过程中。我们坚信，通过愉快合作，双方在互惠互利的基础上将会成为更为长久的合作伙伴。

  近年来，我司恪守……的企业经营理念，始终坚持规范、稳健的长期发展战略方针，确保财务状况稳定、偿付能力充足；各项业务都得到了持续、快速、健康发展，保费规模逐年稳步增长，市场地位稳定，发展态势良好。凭借稳居全国财产保险市场份额前三名的雄厚实力，我公司始终坚持运用充足的承保能力以及畅通的国际再保险渠道，以积极创新的精神、周到细致的服务，为客户提供长期、稳健、专业的保险保障服务。

如果我公司有幸成为本项目的中标人,我公司将凭借一流的工作效率、一流的公司信誉,为贵公司提供一流的服务质量,构筑起该保险项目的坚实屏障,进一步夯实互惠共赢的合作基础,开创双方未来更广阔的合作前景。

敬祝贵公司各项工作开展顺利,预祝此次招标工程圆满成功!

××保险公司(公章)

20××年××月××日

五、合同

1. 名词解释

合同也称契约,按照《中华人民共和国合同法》(下文简称《合同法》)第二条规定,合同是平等的主体(可以是法人、自然人和组织)之间设立、变更、终止民事权利、义务关系的协议。

从这里可以看出,合同就是协议,是依据《合同法》订立的有特定内容的协议,所有的合同都是协议,合同是协议的子项,但并不是所有的协议都是合同,一般来说,协议的应用范围更广,内容不如合同那么具体,也没有特定的具体法规规定。

2. 文种特点

(1) 合法性

撰写合同必须遵守《合同法》中的相关规定。

(2) 规范性

这里有两个方面所指,第一是指合同对当事人具有法律约束力,任何一方不可擅自变更;第二是指合同的写作与格式都有固定模式,很多单位的合同都有统一的制式文本模板。

(3) 平等性

合同是当事各方协商的结果,合同中各方都是平等的,权利和义务也是互相的。

(4) 准确性

这里指两方面,第一指的是语言要简洁准确,措辞不能模棱两可;第二是指具体条款要逻辑严谨,不能存有任何疏漏。

3. 文体分类

根据不同的分类标准,合同可以分成如下不同种类。

按照合同的生效时限可以分为长期合同、短期合同、中期合同。

按照业务涉及范围可以分为国内合同、涉外合同。

按照写作形式可以分为表格式合同、条款式合同等。

4. 内容要素

按照《合同法》中的相关规定,我们可知无论是表格式合同还是条款式合同,在写法上都要遵照固定格式,通常合同是由首部、正文和尾部三个部分构成。

(1)首部

首部通常包括以下内容。

①标题,要表明合同性质,如"借款合同""租赁合同"等。

②合同编号,为了对合同进行有效管理,应该标明合同编号。合同编号一般由代字和数字组成,如"合字第××号"。

③签订时间和地点,即签订合同的具体地点和日期。

④当事人姓名或名称,合同上要准确签出法人名称和具有公民资格的自然人姓名。

⑤引言,也称序言或前言,其实是合同的开头部分,通常要写明签订合同的缘由、依据和遵循的原则等等。

(2)正文

正文部分要写清楚合同各方商定的具体内容,一般包括两个部分。

①主要条款:按照《合同法》的相关规定,主要条款一般包含如下条款:标的、质量及数量、价格、履行期限和违约责任。

②其他条款:通常情况,合同各方会在这里写明有关不可抗拒力条款或解决争议的方式方法。

(3)尾部

尾部包括结尾和落款两个部分。

①结尾要写明合同有效期和文本留存方式。

②落款要写出:当事各方名称、法人代表、相关印章。

担保人名称、印章。

法定通讯地址、电话、电子邮箱、银行账号。

签约的时间和地点。

5. 写作要求

（1）合同必须严格遵照《中华人民共和国合同法》。

（2）合同的签订本着平等协商的原则，任何一方不可强加自己的意愿给对方。

（3）格式要规范，条款要清晰，语言要准确。

6. 例文

封面

借款合同

（适用于并购贷款）

借 款 人：×××

贷 款 人：×× 银行

编号：202×000××××

（二〇×× 年　第一版）

根据《中华人民共和国商业银行法》《商业银行并购贷款风险管理指引》以及相关法律法规和规章，借款人与贷款人协商一致，订立本合同。具体条款如下：

第一条　当事人基本情况（略）

第二条　借款金额（略）

第三条　借款期限（略）

第四条　借款用途（略）

第五条　借款利率与计结息（略）

5.1　借款利率（略）

5.2　利息计算

利息从实际贷款发放日起算，按实际贷款发放金额与用款天数计算。计算公式如下：

利息 = 余额 × 实际用款天数 × 借款日利率。

本合同项下日利率 = 年利率 /365，月利率 = 年利率 /12。

5.3　结息方式（略）

5.4　罚息（略）

5.5　复利（略）

5.6　利率调整方式（略）

第六条　借款支付（略）

第七条　还款（略）

第八条　担保（略）

第九条　保险（略）

第十条　借款人声明与承诺（略）

第十一条　借款人权利与义务（略）

第十二条　贷款人权利与义务（略）

第十三条　可能危及贷款人债权安全事件、违约事件与处理（略）

第十四条　权利保留（略）

第十五条　变更、修改（略）

第十六条　不可抗力与意外事件（略）

第十七条　送达（略）

第十八条　法律适用与争议解决（略）

第十九条　费用（略）

第二十条　借款人所在集团内部关联方及关联交易披露（略）

第二十一条　信用信息授权（略）

第二十二条　其他约定（略）

第二十三条　附件（略）

第二十四条　合同生效

参见本合同特别约定第十四项条款。

第二十五条　通用条款、特别约定及附件共同构成了本合同不可分割的组成部分,单独一部分不具备法律效力。（略）

甲乙双方特别约定条款：

第一项　借款金额

借款金额:人民币（大写）:　　　元整（¥　　　）

第二项　借款期限

借款期限:20××年××月××日至20××年××月××日

第三项　借款利率与计结息

1. 借款利率（略）

2. 结息方式（略）

3. 罚息利率（略）

4. 利率调整方式（略）

第四项　借款支付（略）

第五项　还款（略）

第六项　担保（略）

第七项　保险（略）

第八项　争议解决方式（略）

第九项　其他约定（略）

第十项　附件（略）

第十一项　合同生效

1. 本合同自借款人、贷款人双方法定代表人或负责人或其授权代理人签名及加盖个人名章,并加盖公章之日起生效。

2. 本合同一式　　份,贷款人执　　份,借款人执　　份,其他部门执　　份,各份具有同等法律效力。

借款人特此声明:贷款人已依法依规向我方提示了免除贷款人责任、加重我方责任、排除我方权利的相关条款,应我方要求对相关条款的概念、内容及法律后果做了全面细致的说明，我方已在签订本合同前知悉合同具体内容并同意上述条款要求。

借款人（公章）：

法定代表人／负责人（或授权代理人） 签名或加盖个人名章：

年　月　日

贷款人：××银行（公章）：

法定代表人／负责人（或授权代理人） 签名或加盖个人名章：

年　月　日

第四章　策划性文书

第一节　简报

一、名词解释

简报是党政机关、企事业单位以及人民团体对单位内部日常办公事务的简要总结汇报，目的旨在及时报道工作，反映新情况，提出新问题，交流经验教训等。简报不是法定公文文种，所以没有严格的格式，但是它比较类似于公文中的报告，简单来讲，简报是单位内部工作情况的动态简讯。

二、文种特点

1. 体例精简

简报是适应现代快节奏办公而产生的，目的是尽量快速地向单位内部员工及时通报工作的最新情况，所以在撰写上要求精简明白。

2. 时效性强

简报必须紧跟工作形势，及时报告工作最新进展，所以要求快写、快编、快发。

3. 内部交流

简报不同于面向社会的报纸，仅限内部交流，具有一定的保密性，尤其是涉外企事业单位的工作简报,更有保密要求,甚至是仅限于某一级领导才能接触到。

三、文体分类

在日常应用中,简报通常有以下几种。

1. 工作简报,是报道本单位、本部门日常工作情况的经常性简报,可以是定期发布的,也可以是不定期发布的。

2. 专题简报,是就某一专门工作的进展、问题、经验等情况进行通报的简报,这种简报的内容比较具体集中。

3. 动态简报,主要是反映本单位或本部门最新出现的新问题、新事件、新经验、新趋向等,有时动态简报也报道一些有价值的突发事件。

4. 会议简报,主要是反映会议情况的简报,主要包括会议议程,参会代表的发言、意见或建议等。

四、内容要素

简报通常包括报头、报文和报尾三个部分组成。

1. 报头

报头部分的具体内容包括:简报名称,期号、秘密等级、编发单位、印发日期,通常各单位的简报都有固定格式,使用统一的模板。

格式上,报头与报文之间要用一条红色横线相互隔开。

2. 报文

一般情况,报文由文章标题、导语、主体和结尾组成。

(1) 标题,可以是单行题也可以是双行标题。单行题通常是精炼概括所要报道的事件,往往是一句话。双行题是由正题和副题组成,正题概括简报主要内容,副题做出必要的补充性说明。

(2) 导语,又称为引子或引语,是整篇文章的导读部分,对报道事件做出概括性的说明,目的是给读者一个总体印象。

(3) 主体,是全篇的中心,也是对导语部分的具体展开说明。写作时要将观点与材料有机结合,按一定顺序展开事件的叙述,要做到逻辑清晰。

(4) 结尾,是对报道事件的总结,也可以指明工作的发展态势,提出希望、号召等。

3. 报尾

报尾要用一条横线与报文部分分隔开。横线下左侧写明发送范围，右侧写明印刷份数。

五、写作要求

1. 如实反映工作中的问题和情况。从实际工作中来，指导下一步的工作需要，不虚构、不夸大，实事求是。

2. 迅速报道，简报的报道内容不能是"昨日黄花"，一定要体现出时效性特征。

3. 精炼简短，段落层次清晰，语言简练，叙事直截了当，让人一目了然。

六、例文

简　报

（第×××期）

××××办公室　　　　　　　　　　　　　　　　　　年　月　日

对××分行基层网点保安夜间巡岗突击检查工作简报

为进一步落实基层网点内控合规管理水平及案件防控能力，防范案件风险，根据年度检查计划对全部基层网点夜间保安巡岗情况进行突击检查。

本次检查以异地分支机构为主，重点检查这些机构是否因区域原因弱化管理。本次检查通过视频核查之外，还调阅了相关网点工作日志一并检查核实，具体发现问题如下：

一、夜间部分网点保安未按规定频率、规定部位开展巡查工作。

二、个别网点保安有漏岗情况。

下一阶段，我们将重点检查上述问题，请分行领导充分认识，加强平时管理和督查工作。

发送：××分行　　　　　　　　　　　　　　　　　　　　（共印××份）

第二节 金融新闻

一、名词解释

首先,在讲解金融新闻之前,我们有必要先了解一下什么是新闻。新闻是对新近发生或发现的具有新闻价值的事件的及时、准确的报道。那么,金融新闻其实是指围绕着金融事件展开报道的新闻,金融新闻是众多新闻主题之一。

可见,金融新闻是特别针对金融领域的新闻报道,具体而言,就是对新近发生或发现的具有价值或意义的金融事件的迅速准确的报道。

二、文种特点

1. 内容具有很强的专业性

金融新闻是要专门报道金融领域的新闻事件,无论在内容还是在形式上都有鲜明的专业性特征,金融新闻要求采写者与受众都要有很强的金融专业方面的知识储备。

2. 写作上追求通俗易懂

为了避免金融新闻太过于晦涩难懂,尽量让更多的读者能够理解报道内容,金融新闻在撰写上往往力求通俗、形象、易懂,把深奥复杂的专业问题写得深入浅出、亲切自然,是很多金融新闻记者毕生的职业追求。

三、文体分类

(一)动态金融新闻,是对新近发生的金融事件最新动态或发展趋势的及时报道。动态金融新闻往往强调是对单一金融事件的迅速报道。

(二)综合金融新闻,就是把一段时间里,或不同地区发生的性质相同或类似的金融事件综合起来进行的报道。综合金融新闻强调是对若干新闻事实的报道,材料更丰富,报道更周详,但时效性不如动态消息那么强。

(三)述评性金融新闻,既要写具体的金融事实,又要对该事实的背景、性质、特点、发展预期等方面进行深度解释、分析、评价,写作上强调有述有评,夹叙夹议,文体上介于消息与评论之间。

(四)经验性金融新闻,是对某单位、某地区、某个人在金融活动中成功经验或做法进行的报道。经验性金融新闻的时效性相对较差,写作意图旨在传播成功经验,号召该领域内其他单位或个人积极学习效仿。

四、内容要素

通常,金融新闻由标题、导语、主体、背景和结尾五个部分组成。

1. 标题

新闻标题是"新闻的眼睛",是决定着一篇新闻报道能否引人注意的关键。在形式上,新闻标题可分为单行题与复合型标题两种。

单行题,是用一句话或短语概括出新闻的核心内容。如"中国人民银行明起下调存款准备金率"。

复合型标题,一般由引题、正题和副题组成。如果新闻标题是引题和正题,或正题和副题组成的,我们称之为双行标题;如果引题、正题、副题三题并用,则是三行标题。原则上,不论采用何种题目形式,其中一行标题必须是实题,其余标题可实可虚。

(1)引题+正题。通常引题是虚题,作用是引出话头,介绍新闻背景或烘托气氛;正题是概括新闻核心内容的,是实题。

刘明康:五大标准确保国有银行不变色(引题)

金融高官再驳国有银行贱卖论(正题)

(2)正题+副题。通常正题是概括新闻核心内容,副题起到补充说明、印证或注释的作用。

我国将全面推动养老金社会性发放(正题)

到20××年年底,××%以上企业离退休人员实现由社会服务机构发放养老金(副题)

(3)引题+正题+副题,此即三行题,新闻信息量较大时可以采用此种形式。引题、正题、副题各司其职,相互配合,对新闻核心内容进行全方位概括。

涉及××多个省市区 非法吸存××亿元（引题）
中华人名共和国成立后涉案金额最大的金融证券案××案开审（正题）
××市××级人民法院今日公开庭审（副题）

2. 导语

导语是消息的开头部分，简明扼要地概述消息中的核心内容、最引人入胜的情节或新闻事件里最重大的意义，导语是全篇的精华所在，是新闻最具价值的部分。

导语的写法多种多样，常见的有叙述式、描述式、提问式、评论式、悬念式等，使用何种导语形式，要根据新闻内容、价值点和报道目的来决定，具体讲，新闻导语写作的基本准则如下。

（1）要充分理解所报道事件的新闻价值所在，抓住新闻的核心内容和精华价值，呈现出来。

（2）突显新闻时效性。

（3）出语不凡，一语惊人，表述清晰、简明。

（4）学会换位思考，能从受众角度考虑怎么样才能抓住受众眼球。

以上是新闻导语写作准则，在明确这些准则以后，我们完全可以灵活使用各种导语形式，甚至可以将两种或几种导语形式并用。

3. 主体

由于导语往往只叙述新闻事件最精彩、最重要、最具新闻价值的部分，这就要求主体部分必须围绕着导语，对其做进一步的解释、充实和深化。通常主体有三种写法。

（1）按时间顺序，即根据事件发生的先后顺序进行叙述。

（2）按空间顺序，即根据事件发生的空间位置不同展开叙述。

（3）按逻辑顺序，即根据报道内容的内在逻辑关系组织材料。

主体写作要注意围绕新闻事件的主题展开叙述，层次清楚、段落分明、语言生动，叙述上尽量体现出波澜，这样更能够激发受众的阅读兴趣。

4. 背景

背景内容通常指的是与新闻事件有关的历史或现实环境、条件等，如政治背景、历史背景、地理条件、人文背景等。恰当地使用新闻背景材料，有助于受众更全面、更深刻地理解新闻内涵，让新闻写作显得更加充实、饱满。但如果新闻事件比较单一,则整篇新闻报道里不一定有背景介绍。

5. 结尾

有的新闻报道在写完背景之后就结束了,没有结尾部分。甚至有的新闻报道内容十分简单,在写完主体部分之后全篇就完了,也不必有结尾。只有那些内容涵盖面广,内涵深刻的新闻才会写一个结尾部分,意在别开生面、发人深思,比如发出号召、提出进一步探讨的新问题、激励群众奋进等。

五、写作要求

1. 金融新闻要遵守新闻报道的客观性原则,按照新闻事实发生的实际情况如实加以报道。具体说,就是新闻发生的时间、地点、人物、事件、起因、经过、结果都要如实报道,不能移花接木、不夸大也不缩小。

2. 金融新闻要力求"平民视角",在写作上追求通俗性,要力争把金融专业领域的问题说得浅显明白。

六、例文

例文1

××余家券商上半年业绩放榜　　JT证券为唯一净利负增长

××网××月××日讯（记者××）××月已经到来,A股和港股两市券商的半年报正在持续"放榜"中。以证券行业为重点,在上半年投行项目监管更加严格、二级市场波动较大的背景下,多家证券公司的业绩和主营业务备受市场关注。

记者据有关统计发现,截至今日,中×证券、×通证券、×商证券等10余家上市券商已披露20××年半年报业绩快报,××财富已于×月下旬披露了20××年半年报,逾50家券商披露了半年报业绩预告。

强者地位稳固、内部分化的情况延续

××证券的龙头地位依旧稳固,实现净利润××亿元,同比增长××%;今年上半年实现营收××亿元,同比增长××%。对此公司表示,20××年上半年,国内经济明显复苏,资本市场蓬勃发展,公司业务均衡发展,资本市场高度繁荣是业绩大幅提升的主要原因。但是,"辉煌"的业绩掩盖不了公司股价急剧下跌的惨况,自年初以来,公司股价累计跌幅已达××%,这可能主要是由于年初披露的××亿股配股计划,导致投资者对巨额再融资产生一定的"恐慌"。

HT证券、国T证券、DF证券、JT证券上半年营收也均在百亿元以上。除DB证券外,近半成券商上半年营收均实现五成的正增长。相比之下,JT证券在净利指标上表现就显得格格不入,公司上半年实现净利润××亿元,同比下降××%。

JT证券上半年净利增幅为负

据已披露的十余份券商业绩快报,今年上半年,中×证券、H通证券、国T证券暂列营收前三,分别实现营收××亿元、××亿元、××亿元。

整体来看,在净利润增长率上,上市券商呈现较大差距——方Z证券上半年归母净利润××亿元,增长率高达××%,而作为公认头部券商之一的JT证券是目前唯一一家净利润同比下降的券商公司,同比微降××%,至××亿元。

半年"净赚"××亿依然彰显出JT证券不凡的实力,从目前已公布的券商年中业绩情况来看,仅有中×证券、H通证券、Z商证券、G信证券,四家券商有望在业绩表现上超越JT证券。虽然如此,JT证券依然是目前唯一一家上半年净利润增幅为负数的上市券商。

对此,JT证券在公告中解释称,由于上年同期存在"较高基数",导致了本期净利润增幅"略有下降"。20××年第一季度,资本市场呈出良好的发展态势,公司正是牢牢把握住了这一市场机遇,使得各项业务发展良好,实现营业收入××亿元,较上年同期增长××%。

上市证券公司上半年业绩普遍好转。未来,证券行业仍以多头为主,印证了目前证券公司正处在发展理财业务的黄金时期。此外,在股市大发展的背景下,最近发布的全面降低存款准备金率的消息,又进一步缓解了市场资金短缺和流动性不足的问题。预计在未来半年报的"东风"下,券商股票将有广阔的发展空间。

例文 2

首笔"××贷"成功授信　　××银行助力小微企业逆境重生

××网××月××日讯（记者××）"这真是一场及时雨！真心感谢××银行给我们的支持，为企业解决了资金短期的大难题！"这是近日××省××市××县某食品经贸有限公司的×先生对记者说的一番话。

据悉，××行××省分行首笔"××贷"银行批量担保业务顺利在×市×县落地，×县某食品经贸公司成为首个成功获得200万元流动资金贷款的小微企业。正是随着这笔贷款的顺利投放，该公司的资金问题才得以解决。

原来，该食品公司是××县中小学营养早餐的指定供应商，经营情况一直良好。但是自今年年初以来，由于下游货款回款跟不上，加之假期需要大量储存货量，公司出现了巨大的资金缺口。××行××省××支行多番走访该企业和当地有关行政主管部门，在了解企业真实的融资难题与具体需求后，主动提供上门服务，及时推荐小微企业"××贷"业务，并快速实现该笔贷款投放，不仅解决了企业燃眉之急，大大节约了企业的财务成本，同时××银行也以其产品以及高效周到的服务赢得了企业的信任和赞誉。

"××贷"业务积极发挥线上线下相结合方式的优势，国家融资担保基金担保体系以企业经营为基础，提供批量担保，为符合条件的小微企业提供流动资金贷款。截至目前，全省××行已为200户小微企业主体提供融资服务，贷款余额××亿元

××行××省分行将以"××贷款"为利器，准确高效地为小微企业服务，充分发挥金融"活水"的作用，为企业纾困助力。××行××省分行的金融业务相关负责人在省政府金融工作办公会上再次承诺："这只是开始，我们还将大力推进数字化转型，进一步优化和提高产品和服务的智能化，更有效地助力小微企业成长，继续深入推进开展××银行的普惠金融业务。"

第三节 市场营销策划书

一、名词解释

市场营销策划书是企业围绕着所要实施的项目做出全面分析评估、安排以及谋划的文书,通常会涉及项目特色、市场情况调研、自身优势和劣势、销售服务、成本核算等方面的策划。

二、文种特点

1. 目的性强

市场营销策划书的任务是帮助项目在市场竞争中争取最大利润,因而所涉及的各个方面都要围绕这一根本目的展开论证与策划。

2. 可操作性强

营销策划是从实际市场情况调研而来,又要指导实际工作如何去开展的,市场营销策划书必须能够对项目的具体实施提供切实的指导,经得起实践检验。

3. 体现创意

市场营销策划书要有新颖性,有设计亮点,真正助力项目在实际竞争中立于不败之地。

三、内容要素

市场营销策划书一般由标题、正文和落款三个部分组成。

1. 标题

(1) 简写式,只用"营销策划书"几个字当题目。

(2) 项目名称+文种,即"关于××项目的营销策划书"。

(3) 三个部分组成,即单位名称+项目名称+文种,如"××保险公司关于××新险种的营销策划书"。

2. 正文

一般市场营销策划书的正文包括引言、主体和结尾。

（1）引言

引言又称为前言或导语，主要是概括项目营销的政策依据、目的，说明项目的时限与推广范围，阐述项目开展的意义、价值和重要性等。

（2）主体

通常营销策划书的主体要采用分条列项的形式，逐一介绍项目的基本情况、市场情况分析、自身优势与劣势、营销策略以及成本核算等内容。每一部分都要分析详尽，观点明确，言之有物。

（3）结尾

如果撰写人觉得主体部分已经把问题说明透彻了，那么结尾部分可以省略不写。如果撰写人感觉还有必要把核心主张重述一遍，以加深读者的阅读印象，激发员工的工作进取心，那么可以在这里再次概括一下文章的核心观点，强调的重点仍然要落在项目实行的可行性、必要性、价值回报、意义以及重要性等方面上。

3. 落款

通常市场营销策划书落款包括两个部分，即策划单位和策划日期。

四、写作要求

1. 要事先进行深入细致的调查研究，好的市场营销策划是基于优质的市场调研写成的，前期调研越细致周到，则最后的市场营销策划书越能显示出严谨性与说服力。

2. 市场营销策划书要体现出逻辑性，层次分明，同时还要做到重点突出，将核心问题分析清楚透彻，并提出可行性方案。

3. 市场营销策划书的写作重点要突显方案的可行性，能对具体工作起到切实的指导意义。

五、例文

关于开展基金项目的营销策划方案

为争取到更多的人在我公司开户的同时开立基金账户,扩大基金市场客户份额,开发潜在客户,扩大公司的经济效益,我公司将通过一系列营销策略,整合产品营销和关系营销,推出基金项目营销策划。这将有助于为公司树立品牌文化形象,打造专业、有远见、负责、智慧的企业形象。

一、策划目的

1. 增加我公司的经济效益,扩大客户在基金市场的份额。

2. 建立公司内部文化和品牌形象,开发潜在客户。

二、营销环境分析

(一)宏观环境分析

1. 中国资本市场即将进入健康投资时代。随着法律法规的不断完善和监管力度的加强,为证券公司的经营创造了良好的外部环境,促进了基金业的快速发展。

2. 随着基金规模的不断扩大,机构投资者逐渐成为证券市场中不可忽视的重要组成部分。机构投资者是证券市场的稳定器,发展机构投资者是我国当前的政策选择。

3. 投资基金是一种理想的个人理财工具,具有较高的回报率。但个人投资者在收集信息、把握市场和资金实力方面存在固有劣势,缺乏自我保护能力。因此,越来越多的人选择在证券公司开立基金账户。

4. 基金品种的日益多样化,投资风格的逐渐凸现,为证券公司带来了越来越大的代销空间。

(二)基金产品 SWOT 分析

1. 优势

(1)基金自身的投资优势(略)

(2)与股票相比的投资优势(略)

(3)与债券相比的投资优势(略)

（4）与外汇相比的投资优势（略）

（5）与贵金属、收藏品等投资品种相比的投资优势（略）

不仅如此，基金投资是委托专家理财的一种形式，不需要很多专业知识和时间，启动资金额度低。这与房地产、工业投资和一些收藏品投资不同，通常上述项目需要大量资金才能实现投资。

2. 劣势

（1）周期较长（略）。

（2）巨额资金赎回存在一定风险（略）

3. 威胁

国家统计局×月发布主要宏观经济数据，CPI同比下降××%，连续第×个月下降；PPI同比下降××%，连续第×个月下降。负面经济数据令市场担忧国内经济复苏趋势仍不稳定。

全球金融危机以及大宗商品价格下跌是导致经济数据负增长的最重要的因素。另一方面，我们注意到，去年四季度以来国家实施的一系列积极的宏观政策对经济的拉动作用是非常明显的。总的来说，目前数据情况正常，最坏的时候已经熬过去了，未来市场具备很大的投资机会空间。

4. 机会

近期国内经济数据好转，部分行业出现明显复苏迹象。自×月月底以来，股市继续保持强劲的上涨趋势。股市的回暖让基金的赚钱效应再次凸显，基金账户数量从去年开始持续上升。上周，沪深两市开设的基金账户数量攀升至××个，也创下××周新高。这也是自20××年××月月底以来最大的一周。

（三）竞争企业分析

1. 同行业竞争比较激烈（略）

2. 与非证券金融机构也存在竞争（略）

（四）企业形象分析

对于中小型基金公司来说，只有坚持从客户需求出发，聚焦客户意愿，在产品设计和营销模式上不断推陈出新，才能满足人们日益广泛的财富管理需求，从激烈的市场竞争中实现突围。

我们讲的主要是在基金市场中，每个企业都有属于其自身的企业文化形象、信誉和服务质量，投研人才和投研能力是基金公司的核心竞争力。相对于同行业竞争者来说,我们公司存在着很大的优势,公司现有的基金理财经理都是经过专业培训的,具备很强的专业能力与知识,能够争取到投资者的信赖。

（五）投资者分析

据调查显示,近半成的人可用于投资基金的资金数量为××万元以下。因此,我们的主要目标消费者是工人阶级和年轻白领。我们都知道,对于工薪阶层或年轻白领来说,更适合通过证券公司网点实现一站式管理,通过一个账户实现多个投资产品的管理,更多地利用网上交易或电话委托,并协助证券公司提出专业建议,提高基金投资收益水平。

对于有较强专业能力（能对基金产品分析、能上网办理业务）的投资者来说,我们采取便捷的服务来争取客户青睐。

对于大部分中国基民来说,最大的特征就是从众心理,多数人会认为基金是一种新的"储蓄"方式,我们必须学会换位思考,从投资者的心理出发,结合自身专业知识去争取更多的投资加入我们的项目中来。

三、市场面临的问题分析

（一）市场风险（略）

（二）信用风险（略）

（三）流动性风险（略）

（四）管理风险（略）

（五）操作或技术风险（略）

（六）合规性风险（略）

（七）其他风险（略）

四、市场机会分析

随着我国国民经济的高速增长,国内存在巨大的潜在投资需求,机会无处不在（略）。

五、营销策略

（一）产品策略:定位与细分市场,一个都不能少。

（二）渠道策略:科学合理、多层次、多样化、立体式

（三）价格策略:客户至上,制订灵活多样化的收费标准

（四）促销策略:多种促销手段融合并用,打造靓丽的基金品牌

六、推行方案

（一）针对不同投资者（略）

（二）针对企业自身

1. 采取一系列营业推广和广告渠道方面的促销手段，把企业自身品牌打响。

2. 加强和政府相关部门的联系，争取得到政府部门的大力支持。

3. 可以通过电视广告等一系列促销手段，借助品牌效应造势，去增加新的客户源，当然，我们也必须做好稳定老客户的工作。

广告方面，我们可以在××书籍、××报刊等宣传我们的广告语："财富因您而变，专注你所专注"。通过刊登在××书籍等媒体上的广告，让投资者注意到我们的专业性，以及大众认可度。

网络推广方面，我们需要建立自己的网站，借助网络传播覆盖面大的特点，充分宣传公司营销理念。

七、费用预算

本次策划上的费用合计为×× RMB。

内部员工培训上：××RMB，其中包括员工奖金上的支出。

报刊宣传上：××RMB，主要用于宣传我们的平面广告的支出。

网络宣传上：××RMB，其中包括微博、小红书、抖音等各大平台。××RMB，用于广告推广物料上。

网站平台规划上：××RMB，其中包括专业网站工作人员的费用，未来这将成为企业宣传的最主要阵地。

第四节　广告策划书

一、名词解释

广告策划书是对企业广告整体情况或某一方面活动，进行预先设计与策划的文书。

二、文种特点

1. 创意性

广告是创造性思维的结晶，体现了策划者的丰富想象力，它的价值在于思维创新。

2. 指导性

广告策划书要将广告活动所涉及的一切都部署出来，指导相关人员去执行，相当于广告活动的行动文件。

3. 统筹性

广告策划书是对整个广告活动的总体规划，各个部分之间是相互联系、相互配合的，所以在策划时要统一考虑。

三、文体分类

广告策划书按照内容涵盖面可以分为广告总体策划书和广告业务中某一方面工作的策划书。

广告总体策划书是指对广告所涉及的方方面面，如对市场情况、消费者分析、广告战略、诉求对象、预算、效果预期等做出全方位的规划。

广告某一方面策划书，只是对某一单一情况做出的分析策划，如广告投放形式策划、广告诉求对象与战略策划书等。

四、内容要素

通常广告策划书包括标题、正文与落款三大部分。

1. 标题

标题有两种拟定方式。

①单一式题目,只写文种,不具体展开,如"广告策划书"。

②全要素题目,即标题由广告内容与文种共同组成,如"'安愉车险'广告策划书"。

2. 正文

正文通常由前言与主体两大部分组成。

①前言,一般要概括广告策划的依据、目的,广告投放时限与方式方法等。这部分内容不宜过长,旨在让决策者对该策划有快速的大致情况了解。

②主体,完整的广告策划书主体部分一般要涉及如下方面:

市场分析、广告策略、诉求对象、投放方式与地区、预算、效果预测。

3. 落款

落款通常要写明策划单位,策划人姓名以及成文日期。

需要说明的是,有的企业是有专门企划部来完成广告策划书的,也有企业会委托专门的广告公司完成,最后的策划书是谁完成的,就由谁在落款处签字盖章。

五、写作要求

1. 广告策划书是企业广告投放前的总体规划,撰写者必须具备广告业相关法律法规常识和专业知识,所撰写的广告策划书要合法合规、合理合情。

2. 广告策划书是提供给企业决策者参考的,要充分考虑各项因素,力争做到方案最优。

3. 撰写广告策划书不能嫌麻烦,最好依据不同情况提供给企业决策者多个方案,让其有更大的选择余地。

六、例文

例文1

××健康险的网络广告策划书

随着中国经济不断发展,人们收入水平不断提高,百姓对个人健康和寿命越来越关心,也愿意拿出更多的钱用来投资人寿保险。因而,我公司适时推出××健康险是有广阔的市场前景的。

一、市场分析

20××以来,健康保险产品销量逐月增长,呈现正增长趋势。从长期来看,去年前两个季度,健康保险业务原保费收入××亿元,同比增长××%,而20××年前两个季度健康保险业务原保费收入为××亿元,同比增长××%。由此可以看出增长率在不断上升。从短期来看,根据中国银保监会近日披露的数据,20××年前两个季度,健康保险业务原保费收入××亿元,同比增长××%。业内分析人士推测,按照这一增长速度,20××年医疗保险保费收入有望超过××亿元。

根据目前健康保险的发展情况,预计在未来一年内,医疗保健保险将成为我国最具发展潜力的保险品种。

二、消费者分析

(一)主要市场(活跃客户)

1. 主要对象为30～60岁的高层白领、高端人士以及具有一定经济实力的退休人员。

2. 刚结婚、刚生宝宝的家庭。

(二)次要市场(不活跃客户)

1. 18～35岁的未婚人群

2. 18～60岁的男性

(三)特别说明

1. 保障的对象还应该包括上述人群的配偶、子女、父母等家庭成员,以及私人企业的管理层和员工。保障的内容也应更加广泛,除去基本的教育、养老、医疗这些保险刚需之外,富裕人群还会考虑财富传承、企业业务延续等各个方面。

2.近几年关于养老观念的转变,越来越多的老年人的追求高品质的生活,同时也期望减轻子女负担,所以,该项目的目标人群可以是有一定经济实力的退休老人。

3.刚结婚,准备要孩子的家庭也是潜在客户,为了孩子的健康以及未来生活有保障、高质量,家长会愿意预先谋划,妥善安排。

三、产品自身特点分析

1.10年轻松投入,30年稳定回报。

2.社会保险实施范围广。

3.养老无忧,生活有保障、有质量。

4.保险专家帮助理财,收益更有保障。

四、广告文案

短视频广告创意脚本:(略)。

文案创意脚本:(略)。

其他平面广告表现文案:(略)。

五、广告目标

1.向目标市场推出保险新产品,说明新产品的保险责任、产品价格、保险期间、投保办法。重点宣传提供的服务特色,引起社会的关注,让更多人了解健康险。

2.普及健康保险知识,让大家意识到买保险的重要性,提高购买意愿。

3.提高保险品牌美誉度、知名度和市场占有率。

六、网络媒介策略

现在短视频风靡社会,可以推出洗脑歌曲、魔性短视频等进行组合型市场投放。重点媒体,如抖音短视频、新闻网页要突出互动性与传播性。辅助媒体,如微博、朋友圈等要突出阶段性的补充强化作用。

在消费者愿意经常出现的场合,通过多样化的媒介投放,营造一种"无处不在"的传播效果,实现产品宣传的目的。

七、广告费用(略)

例文 2

××保险广告策划书

一、前言

当今社会,家长不仅关注个人经济实力的提升问题,更关注孩子的健康成长,给孩子提供良好的成长空间与高质量的教育是每个父母的期望,也是责任。如何让孩子拥有一个良好的成长环境和光明的前途是每个父母的心愿。面对如此迫切的市场需求,××公司计划适时推出一款关爱孩子健康成长的终身寿险(万能保险)。该产品拥有良好的投资回报,秉承"今天为明天做好准备,上一代为下一代做好准备"的人生理念,是保证孩子未来稳定发展、减轻家庭经济负担的最佳选择。

(一)产品基本情况

1. 产品特点

适合为孩子未来教育做储备;给付期限灵活;缴费方式多样;保额可调;有豁免保费保障。

2. 投保方式

(1) 未来人生,多重保障:小至教育,大到婚丧嫁娶,××产品陪伴您孩子的一生。账户价值领取灵活,不额外收取任何手续费。

(2) 线上投保,服务灵活方便。手机APP就能购买,免去现场确认的烦琐过程。

(3) 全家都可以投保,保费超划算。本产品投保范围广,性价比高,另有私人订制方案,花一份的钱,获得多样化的权益。

(二)投保须知

1. 投保年龄:2至17周岁

2. 投保规则:略

3. 交费方式:年交

4. 保险期间:终身

5. 保证利率:××%

6. 保险责任:(略)

二、策划目标

（一）财务目标

通过推出营销策划一个月之后,该产品保费收入能够达到我公司总保费收入的××%。

（二）销售目标

通过推出策划一个月之后,该产品保费收入能够达到我公司总保费收入的××%。

（三）市场占有率目标

公司通过该阶段的推广,期待未来产品的市场占有率达到市场同类产品的××%。

（四）产品知名度目标

通过一个月试点推广,让××城市×××%的家庭知道我公司的这项产品。

三、营销策略

(一) 确定目标市场与定位

目标市场为××省,将进行为期一个月的推广,以便做好潜在客户的心理铺垫,促进产品得以快速启动,成功打入市场。整个过程首先要加强对产品的了解,增加客户对××的品牌知名度。其次销售目标是扩大市场份额,增加公司利润。但是,我们的根本目标旨在扩大市场份额,增加品牌影响力。坚持以人为本,不盲目追求短期利益,具备社会责任感,秉持客户至上的原则,服务好每一位客户。

(二) 销售方案

业务员与客户一对一沟通：（1）短信告知；（2）电话介绍；（3）深度交流；（4）定制产品方案。

四、具体策划方案

（一）活动主题（略）

（二）活动时间

20××.1.1-20××.12.1

（三）活动内容

1.公交车上广告条幅宣传；移动电视台每天滚动播放×次广告；电梯间投放广告。

2. 把公司产品的图文宣传广告做成首页滚动模式在官网播。

3. 与各大幼儿园、学校、培训机构合作,加大宣传力度。把保险产品做成小宣传册,在放学时,发给接送学生的家长,达到精准投放。

4. 举办产品推荐会,义务提供水果饮料等,邀请广大群众包括一些中老年人,来听我们的产品宣讲,提供专业化的咨询服务。

五、广告宣传语

略

六、营销预算与费用

(一)预算总费用:××万元

(二)广告预算表现与广告预算

1. 电梯间的平面广告宣传××万元,移动电视宣传××万元,车体广告××万元

2. 互联网宣传××万元

3. 与学校、机构合作,发宣传手册:××万元

4. 其他费用××万元

××广告公司

20××年××月××日

第五章　股份制文书

第一节　股份有限公司股票上市申请书

一、名词解释

股票上市申请书是股票发行企业首次进行股票上市申请时，按照证券交易所的有关规定，向证券交易所提交的具有规范格式和内容要求的申请性文书。

二、文种特点

1. 股票上市申请书的用途虽然类似于公文里的"请示"，但是股票上市申请书是公司事务性文书，所涉及的内容涵盖面非常广泛，它要将证券交易所要求提供的信息全面介绍出来。

2. 股票上市申请书要严格按照证券交易所的格式与逻辑层次要求编写成文。

三、内容要素

股票上市申请书一般包括标题、主送机关、正文、结束语和落款五个部分。

1. 标题

通常情况，股票上市申请书的标题采用公文式标题形式，即由发文单位＋事由＋文种三个部分组成。如"××股份有限公司股票上市申请"。

2. 主送机关

标题的下一行，左起顶格写该申请书所要呈报的证券交易所。

3. 正文

正文部分要按照证券交易所规定的内容，分清章节写明要向证券交易所报告的具体事项。

4. 结束语

类似于公文中的"请示"，股票上市申请书也有一些惯用的结束语，如"以上请示，请批复"等。

5. 落款

落款包括公司名称、盖章和成文日期。

四、例文

××股份有限公司
关于非公开发行 A 股股票的上市申请书

××证券交易所：

××股份有限公司（以下简称"××""发行人"或"公司"）第×届董事会第×次会议、20××年第×次临时股东大会、第×届董事会第×次会议、第×届董事会第×次会议和20××年第×次临时股东大会审议通过，并经中国证券监督管理委员会（以下简称"中国证监会"）证监许可〔20××〕××××号文核准，××公司通过竞价方式，以××元/股的价格向×名投资者，认购非公开发行××××××000股新股。本次非公开发行募集资金总额为×××××××元，扣除发行费用×××××××元（不含税），募集资金净额为×××××××××元。

20××年××月××日，公司完成了本次非公开发行的验资工作；20××年××月××日，完成了新增股份的股权登记工作，特申请本次非公开发行的××××××××股人民币普通股（A股）在××证券交易所上市。

现将有关情况汇报如下。

一、发行人基本情况

（一）发行人概况(略)

（二）主要会计数据和财务指标(略)

公司最近三年及本年度一期、二期的主要财务数据如下。

1. 合并资产负债表主要数据(略)。

2. 合并利润表主要数据(略)。

3. 合并现金流量表主要数据(略)。

4. 主要财务指标(略)。

二、申请上市股票的发行情况

（一）发行概况

本次发行前公司总股本为××××××××股,本次发行××××××××××股,发行后总股本为××××××××股。本次发行基本情况如下。

1. 股票类型:人民币普通股（A股）。

2. 股票面值:××元。

3. 发行方式:向特定对象非公开发行。

4. 发行数量:×××××××××股。

5. 发行价格:××元/股。

6. 认购方式:现金认购。

7. 本次发行股份的锁定期：本次发行对象认购的股票自发行结束之日（即新增股份上市首日）起×××个月内不得转让。

8. 上市地点：在锁定期满后,本次非公开发行的股票将在××证券交易所上市交易。

9. 募集资金数量：本次发行募集资金总额××××××××元,扣除发行费用××××××××××元（不含税）,募集资金净额为××××××××××元。

10. 发行对象：本次非公开发行股票数量合计××××××××股,发行对象以现金认购本次新发行的股份。发行对象及其认购数量、限售期安排具体如下（略）。

本次非公开发行完成后,公司股权分布仍符合《××证券交易所股票上市规则》规定的上市条件。

11. 募集资金用途:本次非公开发行募集资金在扣除发行费用后将用于"AIoT运营中心建设项目""研发中心及信息化系统升级项目"和补充流动资金。本次发行及募集资金投资项目实施后,公司的主营业务不变。

(二)股权结构变动情况

本次非公开发行××××××××股,发行前后股本结构变动情况如下(略)。

本次发行前,××投资合伙企业(有限合伙)为公司控股股东,直接持有公司股份××××××××股,占公司股份总数的××%。××合伙企业(有限合伙)为公司控股股东××××的一致行动人,直接持有公司股份××××××××股,占公司股份总数的××%。××通过××投资合伙企业(有限合伙)和××合伙企业(有限合伙)合计控制公司××%股份,为公司的实际控制人。

本次发行后,××持股比例为××%,仍为本公司控股股东,××合伙企业(有限合伙)持股比例为××%。实际控制人李××合计控制公司××%股份,公司实际控制人未发生变化。因此,本次非公开发行未导致本公司的控制权发生变化。

本次非公开发行完成后,公司股权分布符合《××证券交易所股票上市规则》规定的上市条件。

以上请示,请批复。

××股份有限公司

20××年××月××日

第二节 股份有限公司股票上市公告书

一、名词解释

股票上市公告书是指在股票正式上市之前,股票发行人按照一定格式编制完成的,向公众公告发行情况以及披露与上市事宜相关信息的文书,股票上市公告书类似于行政公文中的公告。

二、内容要素

证券公司对于股票上市公告书的撰写有一定要求,我国上海证券交易所和深圳证券交易所都发布了股票上市《公告书的编写概要》,投资银行辅导相关公司编制上市公告时,都必须严格遵照两个交易所的相关写作要求。通常,股票上市公告书要围绕公司股票发行情况细分为几节来进行详述,具体内容包括:第一节重要声明与提示,第二节股票上市情况,第三节发行人、股东和实际控制人情况,第四节股票发行情况,第五节财务会计情况,第六节其他重要事项,第七节上市保荐机构及其意见,最后是附件。

第一节重要声明与提示

在这一部分里,股票发行人要在公告书的显著位置提示如下内容:

1. 发行人应做出重要声明与提示,具体文句如下:"本公司及全体董事、监事、高级管理人员保证上市公告书所披露信息的真实、准确、完整,承诺上市公告书不存在虚假记载、误导性陈述或重大遗漏,并承担个别和连带的法律责任。""证券交易所、其他政府机关对本公司股票上市及有关事项的意见,均不表明对本公司的任何保证。""本公司提醒广大投资者注意,凡本上市公告书未涉及的有关内容,请投资者查阅刊载于××网站的本公司招股说明书全文。"

2. 发行人应就首次公开发行股票(新股)上市初期的投资风险做出特

别提示，提醒投资者充分了解风险、理性参与新股交易。

3. 如果发行人与相关利益方存在维护公司股票上市后价格稳定的协议或约定的，发行人应在上市公告书中予以披露。

4. 发行人控股股东、持有发行人股份的董事和高级管理人员应在上市公告书中公开承诺所持股票的锁定期情况。

5. 发行人及其控股股东、公司董事及高级管理人员应当在上市公告书中提出稳定公司股价的预案。

6. 如果招股说明书存在虚假记载、误导性陈述或者重大遗漏，对发行上市条件构成重大、实质影响时，发行人应明确承诺上述情形发生时启动股份回购的具体措施与回购价格等。

7. 发行人及其控股股东、实际控制人、董事、监事、高级管理人员等相关责任主体应在上市公告书中公开承诺，如果因说明书有虚假记载、误导性陈述或者重大遗漏，致使投资者在证券交易中遭受损失的，将依法赔偿。

8. 保荐机构、会计师事务所等应在公告书中公开承诺，因其为发行人制作、出具的文件有虚假记载、误导性陈述或者重大遗漏，并由此给投资者造成损失的，将依法赔偿投资者损失。

9. 发行人应在公告书中披露公开发行前持股 5% 以上的股东的持股意向及减持意向。

10. 发行人及其控股股东、公司董事及高级管理人员等责任主体，就本指引规定的事项或其他事项做出公开承诺的，承诺内容应当具体、明确，并同时披露未能履行承诺时的约束措施，接受社会监督。

第二节 股票上市情况

具体内容包括披露股票发行上市审核情况，以及披露股票发行上市审核情况。

第三节 发行人、股东和实际控制人情况

具体内容包括披露其基本情况，包括中英文名称、注册资本、法定代表人、住所、经营范围、主营业务、所属行业、电话、传真、电子邮箱、董事会秘书，以及发行人董事、监事、高级管理人员的姓名、任职起止日期以及直接或间接持有发行人的股票、债券情况等。此外还要披露控股股东及实际控制人的基本情况，以及本次发行前后的股本结构变动情况。

第四节 股票发行情况

股票上市前首次公开发行股票的情况，主要包括：发行数量、发行价格、每股面值、发行方式、募集资金总额及注册会计师对资金到位的验证情况、发行费用总额及明细构成、每股发行费用、募集资金净额、发行后每股净资产、发行后每股收益等。

第五节 财务会计情况

发行人应在当期定期报告中按要求在其上市公告书中披露公司主要会计数据及财务指标。

第六节 其他重要事项

发行人应披露招股意向书刊登日至上市公告书刊登前发生的可能对发行人有较大影响的重要事项。

第七节 上市保荐机构及其意见

发行人应披露保荐机构的有关情况，包括名称、法定代表人、住所、联系电话、传真、保荐代表人和联系人，以及保荐机构的推荐意见。

附件

1. 本次发行前后公司股本结构变动情况
2. 主要会计数据及财务指标

三、写作要求

1. 股票上市公告书必须按照证券公司规定的格式与内容要求来撰写。其中各项内容的写作顺序不能颠倒弄乱。

2. 股票上市公告书要注意真实性和准确性，通常股票上市公告书里会涉及各种数据，撰写者要严肃核实，做到准确无误。

3. 股票上市公告书要注意完整性，要严格按照证券公司规定的内容逐项撰写成文，不能有遗漏，否则要承担相应的法律责任。

四、例文

××公司股票上市公告书

第一节 重要声明与提示

本公司及全体董事、监事、高级管理人员保证上市公告书的真实性、准确性、完整性,承诺上市公告书不存在虚假记载、误导性陈述或重大遗漏,并承担个别和连带的法律责任。

证券交易所、其他政府机关对本公司股票上市及有关事项的意见,均不表明对本公司的任何保证。

本公司提醒广大投资者注意,凡本上市公告书未涉及的有关内容,请投资者查阅刊载于××资讯网(网址:www.abcdefg.com.cn)的本公司招股说明书全文。

本公司及控股股东、实际控制人、董事、监事、高级管理人员及为本次上市服务的中介机构等就首次公开发行股票上市作出的重要承诺及说明如下:

一、股份锁定和转让限制的承诺

(一)股东有关股份锁定和转让限制的承诺(略)

(二)董监高人员有关股份锁定和转让限制的其他承诺(略)

二、持股×%以上股东持股意向及减持意向

(一)持股×%以上的自然人股东持股意向及减持意向(略)

(二)持股×%以上的机构股东持股意向及减持意向(略)

三、利润分配

(一)发行前公司滚存未分配利润的安排(略)

(二)本次发行上市后的利润分配政策(略)

(三)未来三年分红回报规划(略)

四、上市后稳定公司股价的预案

(一)稳定股价预案启动的条件(略)

(二)稳定股价的责任主体(略)

(三)稳定股价的具体措施(略)

(四)稳定股价措施的启动程序(略)

（五）稳定股价预案的终止条件（略）

（六）约束措施（略）

（七）公司、控股股东、董事（独立董事除外）和高级管理人员关于稳定股价的承诺（略）

五、发行人及公司控股股东、董事、监事、高级管理人员关于招股说明书不存在虚假记载、误导性陈述或重大遗漏的承诺（略）

六、中介机构关于为公司首次公开发行制作、出具的文件无虚假记载、误导性陈述或重大遗漏的承诺（略）

七、填补被摊薄即期回报的措施及承诺

（一）发行人对填补回报措施能够得到切实履行做出的承诺（略）

（二）控股股东、实际控制人对填补回报措施能够得到切实履行做出的承诺（略）

（三）董事、高级管理人员对填补回报措施能够得到切实履行做出的承诺（略）

八、未履行公开承诺事项时的约束措施（略）

九、其他重要承诺

（一）避免同业竞争的承诺（略）

（二）减少和规范关联交易的承诺（略）

（三）实际控制人关于社会保险、住房公积金事项的承诺（略）

（四）关于避免资金占用的承诺（略）

第二节 股票上市情况

一、公司股票发行上市审批情况（略）

二、公司股票上市概况（略）

第三节 发行人、股东和实际控制人情况

一、发行人基本情况（略）

二、公司董事、监事、高级管理人员及其持有公司股票及债券的情况（略）

三、公司控股股东及实际控制人的情况（略）

四、公司前十名股东持有公司发行后股份情况（略）（略）

第四节 股票发行情况（略）

第五节 财务会计资料（略）

第六节 其他重要事项（略）

第七节 上市保荐机构及其意见

一、上市保荐机构情况（略）

二、上市保荐机构的推荐意见（略）

附件：

1. 本次发行前后公司股本结构变动情况（略）

2. 主要会计数据及财务指标（略）

第三节 股份有限公司年度报告

一、名词解释

股份有限公司年度报告是指上市公司按照一定格式，向整个社会、全体股民以及国家证券管理机构公布的有关公司在一年里经营业绩与财务状况信息的披露文件。

二、内容要素

股份有限公司年度报告的撰写必须严格遵照中国证监会的相关写作要求，投资银行也是依照证监会对年度报告内容及格式要求，辅导相关股份有限公司编制年度报告的。以下是中国证监会关于公开发行证券的公司信息披露内容与格式准则第2号——年度报告的内容与格式（2012年修订）（2012年9月19日证监会公告〔2012〕22号）的第二章，关于股份有限公司年度报告信息披露的内容与格式的具体要求。股份有限公司年度报告的内容要分节陈述，具体内容框架是：第一节重要提示、目录和释义，第二节公司简介，第三节会计数据和财务指标摘要，第四节董事会报告，第五节重要事项，第六节股份变动及股东情况，第七节董事、监事、高级管理人员和员工情况，第八节公司治理,第九节内部控制,第十节财务报告,第十一节备查文件目录。具体讲,这十一节的具体内容包含如下。

第一节重要提示、目录和释义

公司应当在年度报告文本扉页刊登的重要提示如下：公司董事会、监事会及董事、监事、高级管理人员保证年度报告内容的真实、准确、完整,不存在虚假记载、误导性陈述或重大遗漏,并承担个别和连带的法律责任。

年度报告目录应当标明各章、节的标题及其对应的页码。目录后单独刊登重大风险提示。

第二节公司简介

公司简介的披露内容具体有：公司的中文名称及简称,外文名称及缩写。公司的法人代表。公司董事会秘书及其证券事务代表的姓名、联系地址、电话、传真、电子信箱。公司注册地址、办公地址、邮政编码、公司网址、电子信箱。公司选定的信息披露报纸的名称,登载年度报告的中国证监会指定网站的网址,公司年度报告备置地。公司股票上市交易所、股票简称和股票代码。公司报告期内的注册变更情况。此外还包括其他有关资料,如：公司聘请的会计师事务所名称、办公地址及签字会计师姓名；公司聘请的报告期内履行持续督导职责的保荐机构或财务顾问的名称、办公地址以及签字的保荐代表人或财务顾问主办人的姓名,以及持续督导的期间。

第三节会计数据和财务指标摘要

采用数据列表方式,提供截至报告期末公司近3年的主要会计数据和财务指标。

第四节董事会报告

董事会报告应当对财务报告的数据和其他必要的统计数据,以及报告期内发生和未来发生的重大事项进行讨论和分析。

第五节重要事项

公司应当披露报告期内重大诉讼、仲裁和媒体普遍质疑的事项。披露报告期内发生的破产重组相关事项。披露报告期内收购或出售重大资产、企业合并事项的简要情况及进展。披露股权激励计划在本报告期的具体实施情况。披露报告期内发生的重大关联交易事项。披露重大合同及其履行情况。披露年度财务报告审计聘任、解聘会计师事务所的情况。披露公司及其董事、监事、高级管理人员等在报告期内被司法机关或纪检部门采取强制措施、被移送司法机关或追究刑事责任、被中国证监会立案调查或行政处罚等情况。

第六节 股份变动及股东情况

这里要披露报告期内的股份变动情况,以及股东和实际控制人情况。

第七节 董事、监事、高级管理人员和员工情况

这里要披露董事、监事和高级管理人员的情况,披露报告期内核心技术团队或关键技术人员等对公司核心竞争力有重大影响的相关人员的变动情况,披露母公司和子公司的员工情况。

第八节 公司治理

这里要披露公司治理的基本状况,披露报告期内召开的年度股东大会和临时股东大会的有关情况,披露报告期内每位独立董事履行职责的情况,披露董事会下设专门委员会在报告期内履行职责时所提出的重要意见和建议等。

第九节 内部控制

这里应当披露董事会关于内部控制责任的声明,并披露建立财务报告内部控制的依据以及内部控制制度建设情况。披露会计师事务所出具的内部控制审计报告。披露年度报告重大差错责任追究制度的建立与执行情况等。

第十节 财务报告

这里要披露审计报告正文和经审计的财务报表。

第十一节 备查文件目录

这里应当披露备查文件的目录,包括:载有公司负责人、主管会计工作负责人、会计机构负责人签名并盖章的财务报表。载有会计师事务所盖章、注册会计师签名并盖章的审计报告原件。报告期内在中国证监会指定网站上公开披露过的所有公司文件的正本及公告的原稿。在其他证券市场公布的年度报告。

三、写作要求

1. 股份有限公司年度报告在编制时要注意做到真实准确性和信息披露的完整性,年度报告造假或出现重大遗漏情况的危害巨大,后果极其严重,要承担相应的法律责任。

2. 虽然股份有限公司年度报告编制的是本年度的经营业绩与财务状况，但高明的撰写者会注意与下一年度的公司目标结合起来，做到"前后呼应"，体现公司经营具有延续性，这对塑造公司良好的企业形象非常有利。

四、例文

××上市公司年报

第一节 重要提示、目录和释义（略）

第二节 公司简介和主要财务指标

一、公司信息（略）

二、联系人和联系方式（略）

三、信息披露及备置地点（略）

四、其他有关资料（略）

五、主要会计数据和财务指标（略）

六、分季度主要财务指标（略）

七、境内外会计准则下会计数据差异（略）

八、非经常性损益项目及金额（略）

第三节 公司业务概要

一、报告期内公司从事的主要业务（略）

二、主要资产重大变化情况（略）

三、核心竞争力分析（略）

第四节 经营情况讨论与分析

一、概述（略）

二、主营业务分析（略）

三、非主营业务情况（略）

四、资产及负债状况分析（略）

五、投资状况分析（略）

六、重大资产和股权出售（略）

七、主要控股参股公司分析（略）

八、公司控制的结构化主体情况

九、公司未来发展的展望（略）

十、接待调研、沟通、采访等活动登记表（略）

第五节 重要事项

一、公司普通股利润分配及资本公积金转增股本情况（略）

二、承诺事项履行情况（略）

三、控股股东及其关联方对上市公司的非经营性占用资金情况（略）

四、董事会对最近一期"非标准审计报告"相关情况的说明（略）

五、董事会、监事会、独立董事（如有）对会计师事务所本报告期"非标准审计报告"的说明（略）

六、董事会关于报告期会计政策、会计估计变更或重大会计差错更正的说明（略）

七、与上年度财务报告相比，合并报表范围发生变化的情况说明（略）

八、聘任、解聘会计师事务所情况（略）

九、年度报告披露后面临退市情况（略）

十、破产重整相关事项（略）

十一、重大诉讼、仲裁事项（略）

十二、处罚及整改情况（略）

十三、公司及其控股股东、实际控制人的诚信状况（略）

十四、公司股权激励计划、员工持股计划或其他员工激励措施的实施情况（略）

十五、重大关联交易（略）

十六、重大合同及其履行情况（略）

十七、社会责任情况（略）

十八、其他重大事项的说明（略）

十九、公司子公司重大事项（略）

第六节 股份变动及股东情况

一、股份变动情况（略）

二、证券发行与上市情况（略）

三、股东和实际控制人情况（略）

第七节 优先股相关情况（略）

第八节 可转换公司债券相关情况（略）

第九节 董事、监事、高级管理人员和员工情况

一、董事、监事和高级管理人员持股变动（略）

二、公司董事、监事、高级管理人员变动情况（略）

三、任职情况（略）

四、董事、监事、高级管理人员报酬情况（略）

五、公司员工情况（略）

第十节 公司治理

一、公司治理的基本状况（略）

二、公司相对于控股股东在业务、人员、资产、机构、财务等方面的独立情况（略）

三、同业竞争情况（略）

四、报告期内召开的年度股东大会和临时股东大会的有关情况（略）

五、报告期内独立董事履行职责的情况（略）

六、董事会下设专门委员会在报告期内履行职责情况（略）

七、监事会工作情况（略）

八、高级管理人员的考评及激励情况（略）

九、内部控制评价报告（略）

十、内部控制审计报告或鉴证报告（略）

第十一节 公司债券相关情况（略）

第十二节 财务报告

一、审计报告（略）

（一）审计意见（略）

（二）形成审计意见的基础（略）

（三）关键审计事项（略）

（四）其他信息（略）

（五）管理层和治理层对财务报表的责任（略）

（六）注册会计师对财务报表审计的责任（略）

二、财务报表（略）

三、公司基本情况（略）

四、财务报表的编制基础（略）

五、重要会计政策及会计估计（略）

六、税项（略）

七、合并财务报表项目（略）

八、合并范围的变更（略）

九、在其他主体中的权益（略）

十、与金融工具相关的风险（略）

第十三节 备查文件及目录（略）

参考文献

[1] 大正海上保险公司编,杨永平译:《保险新险种理论与实务》,北京:中国金融出版社,1989.

[2] 申建英,王亚芬:《保险理论与实务》,北京:经济科学出版社,2007.

[3] 周俊玲:《商务文书写作实务》(第二版),北京:机械工业出版社,2017.

[4] 邵龙青主编,张邵文副主编:《财经应用写作》(第三版),大连:东北财经大学出版社,2013.

[5] 施新:《商务文书写作——要领、技巧、最新例文》,北京:中国纺织出版社,2010.

[6] 中国金融培训中心教材编写组编著:《金融公文写作与处理》,北京:中国金融出版社,2016.

[7] 贾青,陈伟钢,蔡录昌主编:《金融应用文写作》,北京:中国财政经济出版社,2014.

[8] 李先智,贾晋文主编:《金融应用文写作》,北京:中国金融出版社,2007.

[9] 王立名主编:《财经应用写作》(第5版),北京:经济科学出版社,2018.

[10] 张耀辉主编:《实用写作》,北京:北京大学出版社,2004.

[11] 赵映诚编著:《当代公文写作》(第二版),大连:东北财经大学出版社,2013.

后 记

从 2005 年毕业来到吉林财经大学当老师，我讲应用写作课已经十七年了。虽然期间曾经无数次感慨这门课程的枯燥乏味，感到倦怠，但我终究忘不了王立名老师等老一辈的耳提面命；也不忍心漠视课堂上学生热切求知的目光，我没有理由不尽心。就这样，一晃十七年过去了，很多老教师都已经退休了，我仍然在坚守着这份职责与良心。

我收到过很多已经毕业的学生反馈，姑且不说那些考公务员的学生非常认同应用写作课程的意义，事实上，很多在企事业单位工作的毕业生也给了我们很多积极的反馈。其中有一个学生给我的印象非常深，他大二的时候上我的应用写作课，每次课都积极地完成练习，并且找机会让我给他做评点。毕业后这个学生去了某省的建行工作，又过了好几年他给我的 QQ 留言，表达了他对我的感谢，并说"老师，我在银行工作，做过好几个岗位，现在回想大学期间所学过的课程，感觉您的课非常有价值，最实用。"也许学生是出于感谢把话说得过于绝对了，但从中我们不难看出，财经院校的学生在校期间学习金融写作实务确实会极大地助益其日后的职业发展。教学相长，正是基于这样热切的教学需求，学院决定筹划出版一部突显金融专业性与实用性的教材。

由于平时教学任务重，所以这本书主要是在假期完成的。2021 年长春的夏天酷热难耐，转入秋季又阴雨连绵，家中上有老人需要身心呵护，下有孩子让我劳神费力，医院、补习班和家，我几乎三点一线，疲于应付，只有深夜是属于我的安宁,可以写写这部书稿。感谢关院长在各种困境下的乐观、坚持与鼓励,也感谢春雨替我分忧,其间暖意天鉴人知。

  讲了十七年的应用写作,我已不再年轻,现在只想把心中积累的教学经验分享出来,期望于时有所裨益。

谷乔写于长春

2021 年初冬